Hans Semper

Wandgemälde und Maler des Brixner Kreuzganges

Hans Semper

Wandgemälde und Maler des Brixner Kreuzganges

ISBN/EAN: 9783743308602

Hergestellt in Europa, USA, Kanada, Australien, Japan

Cover: Foto ©Thomas Meinert / pixelio.de

Hans Semper

Wandgemälde und Maler des Brixner Kreuzganges

Wandgemälde und Maler

des

Brixner Kreuzganges.

Eine Skizze

von

Hans Semper.

Mit fünfzehn Lichtdruckbildern.

Innsbruck.

Verlag der Wagner'schen Universitäts-Buchhandlung.

1887.

Separat-Abdruck aus dem „Bote für Tirol und Vorarlberg" 1887.

Es gibt kaum ein Capitel der Kunstgeschichte, welches noch so sehr im Argen läge, als das der alten Tiroler Malerei und das zugleich so viele Schwierigkeiten der Untersuchung entgegenstellte. Diese Schwierigkeiten bestehen nicht am meisten in der noch großen Dürftigkeit der einschlägigen Litteratur, sondern noch vielmehr darin, daß fast alle Anhaltspunkte fehlen, die Namen der Maler der einzelnen Gemälde festzustellen, da diese letzteren fast nie bezeichnet sind und also auch die in den Urkunden vorkommenden Malernamen in den seltensten Fällen auf bestimmte, noch vorhandene Kunstwerke bezogen werden können.

Die nächste Folge ist, daß es auch sehr schwer fällt, bestimmte Schulen und Richtungen zu bezeichnen, indem bei zahlreichen namenlosen Gemälden selbst die ursprüngliche Herkunft unbekannt ist, zumal nachweisbar ein häufiger Austausch von Bildtafeln zwischen den Klöstern stattfand und auch ausländische Meister in Tirol arbeiteten. Zudem brachten es die geographischen

1*

und ethnographischen Verhältnisse Tirols mit sich, daß sich hier von jeher südliche und nördliche Einflüsse kreuzten und eigenthümliche, bastardartige Misch- schöpfungen in der Kunst hervorbrachten.

Vor allem waren es die **Klöster**, welche die Mittelpunkte der tirolischen Kunstthätigkeit im Mittel- alter bildeten, ihnen schlossen sich einige Städte als Sitze bestimmter Schulen oder Kunstwerkstätten an; die zahlreichen Schlösser des Landes boten endlich, neben den kirchlichen und städtischen Bauten, ein er- giebiges Feld der künstlerischen Thätigkeit, speciell der Wandmalerei, die in Tirol in früheren Zeiten aus- gedehnte Pflege fand. — Während unter den **Klöstern**, die solche Mittelpunkte der Kunstübung bildeten, be- sonders diejenigen von **Neustift** bei **Brixen**, von **Wilten** und von **Schwaz** (Franziskanerkloster) zu erwähnen sind, so treten unter den Städten **Inns- bruck** als Sitz des Landesfürsten, **Brixen** und **Trient** als Bischofsitze, **Bozen** als reiche Handels- stadt, in älterer Zeit auch **Meran** hervor. Ihnen schlossen sich kleinere Städte, wie **Bruneken**, **Ster- zing** an, wo ebenfalls zeitweise eigene Schulen blühten.

Für diesmal beschränken wir uns auf einige Beob- achtungen über die Malerschulen von **Brixen** und **Neustift**, welche wohl kaum principiell zu trennen sind. Und zwar sehen wir hiebei von einer methodischen

Betrachtung sämmtlicher noch erhaltener Erzeugnisse dieses Kunstmittelpunktes ab, wie sie z. B. aus dem 13. und 14. Jahrhundert noch in der Johanniskapelle beim Kreuzgang von Brixen erhalten sind, und suchen vielmehr möglichst bald zu bestimmten Individualitäten vorzubringen, die wir in einer Reihe von Schöpfungen erkannt zu haben glauben.

Als bester Ausgangspunkt, um einige Individualitäten der Brixen-Neustifter Schule des 15. Jahrhunderts zu umgrenzen, sind die Malereien des Kreuzganges von Brixen (südlich vom Dom) anzusehen. Wir begnügen uns daher für diesmal mit einer Betrachtung und Vergleichung dieser von verschiedenen Händen zu verschiedenen Zeiten ausgeführten Darstellungen, wobei unsere Hauptaufgabe sein wird, diejenigen Gemälde, welche von einer und derselben Hand herrühren, zu gruppieren und zu charakterisieren, sowie auf anderwärts befindliche Werke derselben Meister hinzuweisen.

———

Was die Baugeschichte des Kreuzganges betrifft, so seien hier nur die nothwendigsten Daten angeführt. Nach Uebertragung des bischöflichen Sitzes von Säben nach Brixen wurde hier unter Bischof Richprecht (956—975) der Münster zum ersten Mal erbaut, jedoch schon 1174 von einer Feuersbrunst zerstört.

Unter Bischof Richer (1174—78) begann der Wieder-
aufbau, den Bischof Heinrich III. vollendete. 1234
brannte der Münster zum zweiten Mal ab, wurde jedoch bis 1237 zum dritten Mal, im gothischen Stil
aufgebaut. Ein Brand von 1444 scheint den Münster
nicht wesentlich alterirt und nur einige Neubauten ver-
anlaßt zu haben (1460—75). 1745 wurde die alte
Domkirche abgetragen und im Barockstil neu aufgebaut. Der alte Dom hatte dieselbe Lage wie der neue,
an der Nordseite des Kreuzganges, die Westseite des
letzteren nahm die bischöfliche Residenz mit der Hofkapelle U. L. Frau, die Süd- und Ostseite der Bruderhof
mit der Johanneskapelle (an der Südwestecke) ein.

Der Kreuzgang bildet ein Quadrat mit zwanzig
großen Blend-Arkaden gegen den Hof hin, deren jede von
vier kleineren Rundarkaden auf drei romanischen Säulen-
paaren durchbrochen wird, während der Schildbogen
darüber meist noch ein rundbogiges Mittelfenster zeigt.
— Auf den Pfeilern der Blendarkaden setzen die
Gewölberippen der zwanzig gothischen Kreuzgewölbe des
Kreuzganges an. Wenn somit der Kreuzgang in seiner
Anlage und den romanischen gekuppelten Säulchen mit
Rundarkaden wahrscheinlich aus der Zeit zwischen dem
ersten und zweiten Brand 1174—1234 stammt, so
sind die Gewölbe jedenfalls erst nach dem zweiten
Brand (1234), aber auch vor dem dritten Brand

(1444) conſtruirt worden, indem die älteſten Gemälde derſelben noch aus dem 14. Jahrhundert ſtammen.

Bezüglich weiterer Details der Baugeſchichte ſei auf Tinkhauſer's „Topographiſch-hiſtoriſch-ſtatiſtiſche Beſchreibung der Diöceſe Brixen." Band I S. 107 f. (Brixen 1851), ſowie auf desſelben Autors Aufſatz: „Der alte Kreuzgang des biſchöflichen Münſters zu Brixen" (Mittheilungen der k. k. Central-Commiſſion zur Erforſchung und Erhaltung der Baudenkmale I. p. 17 f. und p. 33 f.) verwieſen.

———

Tinkhauſer's Arbeiten werden auch (zuſammen mit Reſch's: Monumenta veteris ecclesiae Brixinensis 1765) die Grundlage meiner Darſtellung bezüglich der urkund-lichen Daten liefern, wogegen meine ſtilkritiſchen Be-merkungen das Reſultat meiner wiederholten Beſich-tigungen dieſer Gemälde ſind.

Tinkhauſer nummerirt die Kreuzgewölbeſhſteme von dem Thore an, das von Süden aus in den Kreuzgang führt, indem er ſich von da nach links (Weſten) wandte und den Kreuzgang durchſchritt, bis er von der andern Seite wieder zum Südthor gelangte. Der beſſeren Orientierung halber für den Leſer, welcher ſowohl Tinkhauſer's als meine Darſtellung benutzen will, ſchließe ich mich Tinkhauſer's Nummerirung an. Doch

werde ich nicht die Kreuzgewölbe der Reihe nach schil=
dern, vielmehr bestrebt sein, die Gemälde in chrono=
logischer Reihenfolge und nach ihrer stilistischen Zu=
sammengehörigkeit oder Verwandtschaft zu besprechen.

———

Zunächst ist eine Gruppe von Gemälden zu erwähnen,
in welcher noch der Idealstil des 14. Jahrhunderts
vertreten ist, und die zum Theil auch noch dem Schluß
desselben anzugehören scheinen, während ein anderer
Theil in den Beginn des 15. Jahrhunderts fällt.
In diesen Gemälden sehen wir sowohl Einflüsse des
italienischen giottesken, wie des deutschen gothischen
Figurenstils (in der Art der Kölner und Prager Schule)
hervortreten.

Als die ältesten Gemälde des Kreuzganges bezeichnet
Tinkhauser die der 10., 11. und 12. Travée, die er
auch demselben Meister zuschreibt, — eine Annahme,
die zu prüfen sein wird. In der 11. Travée öffnet
sich das alte, romanische Südportal des Domes; die
Gemälde der drei Travéen umgeben somit dasselbe und
sollen nach Tinkhauser geistigen Bezug auf dasselbe
haben. In der That finden wir an der Wand der
10. Travée neben dem Portal die Verkündigung,
an der der 12. die Auferstehung als Anfang und Ab=
schluß des Erlösungswerkes. Doch gehören diese Ge=

mälde andern Händen, als die der Decke an, und diese
letzteren haben nach unserer Ansicht zum Theil nur
sehr losen Bezug zu jener Grundidee, die Tinkhauser
gefunden haben will. Wir lassen dieselbe daher bei
Seite und begnügen uns mit einer vorwiegend stilistischen
Betrachtung, zunächst der Deckengemälde.

Diese letzteren enthalten in der 10. Travée „in
deutlichen Sinnbildern einen reichen und tief durchdachten
moralischen Stoff" . . . „jede der vier Gewölbekappen
enthält eine vollkommen abgeschlossene Lehre und zwar
in Gegensätzen."

I. Die 1. Kappe zeigt die Werke der Barmherzigkeit und des Geizes; — ein Mann spendet
Almosen; ein anderer häuft Schätze. Ersteren zieht
ein Engel zum Himmel empor, letzteren stößt ein solcher
zurück. Lateinische Inschriften auf Spruchbändern erläutern den Gegenstand.

II. Die 2. Kappe veranschaulicht den guten
und schlechten Hirten. Einerseits sehen wir einen
Bischof den Acker des Herrn pflügen; ein Engel zieht
ihn an der linken Hand empor; der Bischof spricht
(vermittels Spruchbandes): „Domine, quinque talenta
lucratus sum." Der Engel: „Intra in gaudia
domini tui." — Auf der anderen Seite sehen wir einen
Bischof, einen Stab haltend, auf den leeren Boden
blicken. Ihm gilt der Spruch: „Domine, ecce munera

tua quae ßaßui repoſita in ſudario.“ — Unterhalb
des guten Biſchofs ſtehen eine weibliche und eine männliche Figur (eines Greiſes). Beide zeigen empor.
Erſtere hält ein Band mit dem Spruch: „Multos
avertit aß iniquitate“, letzterer: „Lex veritatis fuit
in ore ejus“. — Unterhalb des ſchlechten Biſchofs
ſteht ein entſprechendes Paar, das Weib trägt den
Spruch: „Alligant ßonera gravia et importaßilia“;
der Mann: „Canes muti non valentes latrare.“
Dieſe Figuren ſollen wahrſcheinlich das öffentliche
Urtheil über die beiden Biſchöfe perſonifizieren.

III. In der 3. Kappe wird die wahre und die
erheuchelte Frömmigkeit illuſtriert. Zwei Sterbende, wie es ſcheint, ein Mann und ein Weib, liegen
in einem Bette. — Der Mann richtet ſich empor, ein
Engel reicht ihm die Hand. Der Sterbende ſpricht:
„Oculi mei ſemper ad deum“; das ſterbende Weib
wendet ſich, den Kopf auf die Hand ſtützend, ab und
hält den Spruch: „Genua mea infirmata ſunt a
jejunio.“ Andere Spruchbänder umgeben die Gruppe,
von denen die einen in Bezug auf die ächte Frömmigkeit ſagen: „O quam bonus et ſuavis est
domine ſpiritus tuus. Quam magna multitudo
dulcedinis tue“, die anderen in Bezug auf die Schein-
frömmigkeit: „Non ommnis qui dicit mißi:
Domine, domine, intraßit regnum. Vos estis

qui justificatis vos coram hominibus, deus autem novit corda vestra."

Nach diesem Zusammenhang wird also das Fasten allein als kein Beweis wahrer Frömmigkeit gelten gelassen; man möchte meinen, der Maler habe in dem scheinfrommen Weib die Betschwester charakterisieren wollen. (Tafel 1).

IV. Die Darstellungen der 4. Kappe beziehen sich auf die Bußfertigkeit und himmlische Gnade.

Einerseits wird ein bußfertiger Sünder von einem Engel emporgezogen; ersterer spricht: „Deus propicius esto michi peccatori." Letzterer: „Gaudium est angelis dei super uno peccatore." (Taf. 1). Gegenüber kniet ein Pharisäer, der die Hand betheuernd erhebt und spricht: „Non sum sicut ceteri . . . adulteri." In der Mitte unten sieht man zwei Hände aus dem Himmel herablangen; die eine hält einen Strick mit der Angel, welche der Leviathan (die Sünde) verschlungen hat, die andere schneidet mit einer Sichel den Bauch des Ungeheuers auf, um die von ihm verschlungenen Menschen zu befreien. Zur Erläuterung dieser Darstellung citiert Tinkhauser passend einen Ausspruch des Mystikers Rupert von Deuz, (de divin. officiis per anni circulum l. I. c. 19), welcher das Erlösungswerk mit einer Angel vergleicht, an deren Haken der Leib Christi sich befindet, womit der Leviathan, die große Schlange, welche die menschlichen Seelen verschlungen hat, in den Fluten der Welt gefangen wird.

Sämmtliche Gemälde, mit Ausnahme einiger Köpfe, sollen schon in früheren Jahrhunderten übermalt worden sein, wie Tinkhauser, auf Fernbachs Untersuchungen sich stützend, angiebt.

In den Kappen des 11. Kreuzgewölbes sind die sieben Werke der Barmherzigkeit und die Parabel vom reichen Prasser und dem armen Lazarus, wie Tinkhauser erläutert, als Bethätigung des Glaubens durch Werke der Liebe dargestellt. — Diese Gemälde sind allem Anscheine nach, soweit es der durch alte Uebermalung alterierte Zustand zu beurtheilen gestattet, von demselben Meister, wie die des 10. Kreuzgewölbes. Ein Einfluss der giottesken Schule Italiens scheint mir hier wie dort unverkennbar; ein Einfluss, der sich vielfach in der tirolischen Malerei des 14. Jahrhunderts, wie z. B. in den leider nach Landessitte vor einigen Jahren in unverantwortlicher Weise überschmierten Wandgemälden [1]) von

---

[1]) Eines der neuesten Opfer dieser barbarischen Pietätlosigkeit, mit der man in Tirol die alten Malereien, sofern man sie erhalten will, bis zur Unkenntlichkeit ihres ursprünglichen Charakters, roh und stümperhaft übermalen, oder nach schlechten Bausen erneuern, — sofern man sie aber als unkanonisch beseitigen will, einfach herunterschlagen und

Terlan, ferner an denen von St. Maria in Campill, sowie von St. Johann im Dorf bei Bozen erkennen läßt. Auch in den eben angeführten Gemälden des Brixener Kreuzganges offenbart sich dieser Einfluß nicht bloß in der giottesken Architectur von Loggien mit Rundbögen auf schlanken Säulchen, von romanischen Rund= und Kuppeltempeln und bloß decorativ in Verbindung mit Rundbögen und rundbogigen Fenstern einzeln auftretenden Spitzgiebeln und gothischen Pinnakeln, sondern auch in der dramatischen Charakteristik der Köpfe und der Bewegungen, mit einer gewissen naiven Unmittelbarkeit in der Beobachtung

———————

durch die armseligen Produkte der modernen religiösen Malerei Tirols ersetzen läßt, ist die Hofkapelle des fürstbischöflichen Palastes in Brixen, wo die wohlerhalten gewesenen Fresken des „Zopfmalers“ Waldmann, welche unter anderm einige muntere, fliegende Engelknaben enthielten, vernichtet und durch wahrhaft traurige Klexereien desselben Hintner ersetzt wurden, der auch die alten Wandgemälde von Terlan, Windischmatrei und der Johanneskapelle in Brixen auf dem Gewissen hat. Die reichen Barockrahmen in Stuck, welche Waldmanns Gemälde einfaßten, wurden dagegen belassen, jedoch vom „rühmlichst bekannten Maler Barth“, demselben, der den Pacherschen Altar in Weißenbach ruinirt hat, in der bekannten Tiroler Polychromie angestrichen. Das schöne Deckengemälde des Waldmann in derselben Kapelle soll demnächst fallen.

genrehafter Motive, wie sie z. B. der gleichzeitigen kölnischen Kunst noch völlig fremd war. Auch im Costüm, in den Tuniken der Arbeiter, in dem breiten, plastisch dem Körper anliegenden Gewandwurf, in den sackartigen Aermeln der erhobenen Arme erkennen wir giotteske Anklänge. Damit soll nicht jede deutsch= tirolische Spur in der Auffassung in Abrede gestellt werden.

In dem 12. sich anschließenden Kreuzgewölbe sind die Patrone der Kathedrale und andere in der Diözese von Brixen verehrte Heilige dar= gestellt. In der 1. Kappe sind die vier Patrone der Kirche: Petrus, Cassianus, Ingenuinus und Albuinus sitzend, im Bischofsornat (mit Aus= nahme des ersteren) dargestellt. (Tafel 2). In dem einen Zwickel dieser Kappe, unter Petrus und Cas= sian, ist noch Karl der Große thronend vorgeführt.

In der 2. Kappe sehen wir stehend den hl. Pirminius und Sebastian; ersterer ist im Bischofs= ornat, letzterer bloßhäuptig, mit einem Mantel und Hermelinkragen über dem bloßen Leib, Pfeile in der Linken erhebend und darauf deutend. Als Hintergrund der Figuren sind gothische Gewölbe gemalt.

In der 3. Kappe sind drei weibliche Heilige, da= runter Ottilia, in schlanken, zarten Formen dargestellt.

In der 4. Kappe endlich sind vier Figuren, ein stehender h. König, sowie sitzend der h. Florinus, Arbogast und Theobald abgebildet, ersterer als Geistlicher, mit Messbuch und Kelch in der Hand, letztere im bischöflichen Ornat.

Was diese Gemälde nun betrifft, so können sie nicht, wie Tinkhauser vermuthet, vom nämlichen Meister wie die des 10. und 11. Kreuzgewölbes sein, da sie, im Gegensatz zu denselben, entschieden der nordisch-gothischen Richtung der Malerei des 14. Jahrhunderts angehören. Der Faltenwurf trägt den ausgeprägten rundgeschweiften deutschen Idealstil des 14. Jahrhunderts an sich; eigenthümlich ist der Umstand, dass die sitzenden Figuren breite schwere, die stehenden schlanke gestreckte Verhältnisse zeigen. Die Köpfe der Männer sind vorherrschend breit angelegt, mit großen offenen Augen, kurzen breiten Nasen, heruntergezogenem Mund, e.nstem strengem Ausdruck; die Hände sind voll und kurz. Dies alles erinnert, soweit es die Vergleichungsmittel gestatten, auffallend an die Fresken des Prager Malers Dietrich in der Kreuzkapelle auf der Burg Karlstein vom Jahre 1367. (Vergl. A. Woltmann, Geschichte der Malerei, I. p. 395—398 und Fig. 115 daselbst. Leipzig 1879. A. Seemann.)

Was nun die Malereien an den verticalen Wandflächen der eben besprochenen drei Gewölbjoche (des 10.,
11. und 12.) betrifft, so gehören sie ebenfalls jedenfalls der Mehrzahl nach noch dem 14. Jahrhundert
an, rühren aber wiederum von verschiedenen Händen her.
Die Nordwand der 10. Travée zeigt links unten einen
schönen, wappenhaltenden Ritter, der durch seine
kräftige kühne Haltung an die Fresken an der Söller-
wand der Burg Runkelstein erinnert. Darüber einen
schön bewegten knieenden Propheten. — Die rechte Hälfte
des nördlichen Schildbogens der 10. Travée (links vom
romanischen Domportal) zeigt unten eine dramatisch
bewegte ausdrucksvolle Pietà, die schon dem Beginn
des 15. Jahrhunderts angehören dürfte, darüber eine
Verkündigung, welche trotz einer gewissen Befangen-
heit, in einem edlen frommen Idealstil gehalten ist
und deutsche Schule verräth, wenn auch die Halle, in
der Maria sitzt, giottesk erscheint. Die Wand, auf
der die letztgenannten beiden Gegenstände dargestellt
sind, bildet einen Vorsprung vor der linken Hälfte,
dessen Seitenflächen unten mit einer knieenden Stifter-
gestalt, oben mit der Figur des Täufers geschmückt
ist, beide noch im Idealstil. — An den Schildbögen
gegen den Hof hin, zu beiden Seiten des Mittelfensters befinden sich die h. Kummerniß mit einer

betenden Volksmenge, sowie der h. Sebastian, der mit Pfeilen beschossen wird. Beide Gemälde sind zu wenig erhalten, um ihren Charakter zu erkennen.

Die Wandflächen des 11. Syftems zeigen rechts neben dem Domportal nur ein Bruftbild eines Propheten, in schönem Idealstil; wohl von derselben Hand sind die zwei Bruftbilder von Propheten an den Laibungen der hier offenen Arkade gegen den Hof hin.

Die Wand des 12. Syftems gegen Norden hin zeigt unten einen großartig drapirten, bärtigen Heiligen (14. Jahrh.), sowie einen Ritter mit Schnabelschuhen, der einer lieblichen, schlanken Madonna mit kräftigem, ungeberdigem Kind seine Verehrung zollt. In diesen wie in noch manchen andern Figuren des Kreuzganges macht sich ein dem kölnischen Stil verwandter Zug geltend. Ungeschlacht und roh dagegen ist, auch im Stil, der riesige h. Christoph daneben. Darüber eine Auferstehung Christi und die h. Agnes, wieder von anderer Hand. Der Schildbogen dieses Syftems gegen den Hof, mit dem Fenfter in der Mitte, zeigt, sehr beschädigt, den h. Alexius unter der Stiege liegend, sowie die drei Stadtheiligen von Zürich, Felix, Regula und Exuperantius, ihre Köpfe unterm Arm.

Andere Malereien, die noch im gothischen Idealstil gehalten sind, finden sich in der 4., der 8., 9., 13., sowie 15. Travée, die freilich zum Theil erst dem Anfang des 15. Jahrhunderts angehören. In denselben Travéen sind neben den noch ideal stilisirten Gemälden auch solche zu sehen, welche den Uebergang in den realistischen Stil des 15. Jahrhunderts vertreten.

In der 4. Travée scheinen die untern Figuren der westlichen Wand noch dem 14. Jahrhundert anzugehören. Sie stellen in der Mitte Christus am Grabe stehend, zu beiden Seiten desselben Maria und Johannes, sowie links neben ersterer den h. Christoph, einen h. Bischof und zwei knieende Stifter, rechts (neben Johannes) einen andern h. Bischof und eine weibliche Heilige dar. Die Figuren erinnern in ihrem rundgeschweiften Faltenwurf, sowie in den breiten, kraftvoll modellirten Köpfen an die Deckenbilder der 12. Travée; die weibliche Heilige in ihrer schlanken, geschwungenen Gestalt, mit der hohen Stirn, dem milden Mund ist ein edles Beispiel deutschen Idealstils, mit Annäherung an den kölnischen.

Diesen Figuren schließen sich zunächst an die Gemälde, welche in der 8. Travée an der nordwestlichen Ecke des Kreuzganges die Westwand bedecken, die als Außenseite des Presbyteriums der anstoßenden Collegialkirche zu U. L. Frau convex heraustritt. Sie stellen weibliche und männliche Heilige, stehend, durch Säulen getrennt, dar.

Eine Kreuzabnahme in alterthümlicher Compositionsweise (zu vergleichen das Relief der Externsteine in Westfalen, sowie das der Marmorkanzel von S. Leonardo in Florenz; siehe Lübke, Geschichte der Plastik, 2. Aufl. S. 359, 385, auch 382) neben diesen Figuren, halbzerstört und auf einer ältern Kalkschicht befindlich, gehört vielleicht noch dem Anfang des 14. Jahrhunderts oder selbst dem 13. an.

Den zuvorgenannten Heiligenfiguren schließen sich dagegen durchaus an, was den Idealstil, die hohen Stirnen ꝛc. betrifft, zwei anmuthige Engelgestalten mit Gottvater in der Mitte in der Bogenlaibung der 9. Travée gegen den Hof hin; sowie zwei weibliche Heilige in der entsprechenden Bogenlaibung der 10. Travée.

Auch an der Nordwand der 13. Travée finden sich Figuren ähnlichen Stiles: zwei betende Stifter, zwei männliche Heilige, die h. Familie, sowie zwei weibliche Heilige.

In ähnlichem Stile, jedoch derber, wiewohl ausdrucksvoll ist die Anbetung der Könige an der Ostwand der 13. Travée, sowie ein h. Bischof da-

runter; erstere stammt vielleicht nach einer an der Wand
befindlichen Inschrift von 1410. — Endlich gehört noch
dieser idealen Richtung die thronende Madonna
mit Catharina und Ottilie und vor ihr der Stifter
und zwei h. Bischöfe an der Ostwand der 15.
Travée an, welches Bild laut einer Inschrift vom Jahre
1429 von Andreas Bembis de Frend über der
Grabstelle des 1426 verstorbenen Johannes von
Gerwit, Pfarrers der Stadt Köln gemalt wurde.
Nach seinem niederdeutschen Namen zu schließen, war vermuthlich auch der Maler ein Kölner oder doch Niederdeut-
scher und gibt uns einen deutlichen Fingerzeig für die Einflüsse, welche in diesen eben erwähnten Malereien auf-
treten. Die Composition ist schön und feierlich, die
Figuren in den schlanken, feinen Idealformen der
Kölner Richtung gehalten. Auffallend sind die kleinen,
verkümmerten Hände, die aber auch an altkölnischen
Gemälden vorkommen.

Eine Uebergangsphase von der idealen Kunst des
14. Jahrhunderts zur realistischen des 15. scheinen uns
einige Malereien der 4. und 9. Travée zu bezeichnen.
— Sie zeigen einige Verwandtschaft mit einander, ohne
doch von der nämlichen Hand zu sein. — In der
4. Travée sehen wir an der Westwand über den be-

reits geschilderten, älteren Figuren eine Anbetung der Könige in schwungvoller Zeichnung, im älteren Compositionsstil gehalten. Maria, noch lagernd, neben ihr am Boden das blonde hochstirnige Kind; der eine König mit wallendem Bart hat sich niedergeworfen und küßt dessen Füße, ein anderer kniet vor Maria. Im Hintergrunde sieht man Soldaten, einer kniet am Boden und packt etwas aus, ein Affe schaut ihm zu. Joseph, als alter Mann, biegt sich hinter Maria schüchtern vor, um die Scene anzuschauen. Er ist im Ausdruck wie in der Bewegung bereits ganz realistisch aufgefaßt, während die Lineamente noch den weichen Schwung des Idealstils zeigen. Auch die übrigen Männerköpfe sind kräftig, voller Charakter. Bei diesem Gemälde befindet sich nach Tinkhauser die Jahreszahl 1417.

Nicht minder trefflich in Composition und Zeichnung sind in derselben 4. Travée die Lünettenbilder der Arkade gegen den Hof, wo auf der einen Seite des Mittelfensters Gottfried von Bouillon, wie er mit einem Bischof nach Jerusalem zieht, auf der andern St. Georg im Kampf mit dem Drachen dargestellt sind.

Bewundernswert ist die feurige Bewegung und richtige Zeichnung der Pferde, sowie des prächtig geringelten Drachen. Die gute Zeichnung erinnert an die

Wandgemälde der Badestube in Schloß Runkelstein
bei Bozen, welche in der Höhe der Wände mit Fresken
von nackten Männern und Frauen, die im Begriff
sind, in's Bad zu steigen (an der Südwand), von
männlichen und weiblichen Zuschauern (an der West=
wand), von Frauen in kleineren Verhältnissen (an der
Nordwand), sowie von allerlei sehr schwungvoll gezeich=
neten Thieren: Hirschen, Affen, Kameelen, Hyänen,
Bären, Steinböcken ꝛc. geschmückt ist. Ueber diesen
Darstellungen sind noch unmittelbar unter der Decke
Vierpaßmedaillons mit sitzenden Männern und Frauen
zwischen verschlungenem gothischen Rankenwerk angebracht,
während über der Thüre in der Westwand zwei Knappen
mit Schnabelschuhen das Vintler'sche Wappen halten.
Diese Fresken sind in der That ungefähr zu derselben
Zeit, wie die Gemälde der 4. Travée im Brixener
Kreuzgang ausgeführt worden, indem Nicolaus von
Vintler 1391 in den Lehensbesitz des Schlosses
kam, dasselbe neu herstellen und ausmalen ließ und
1414 starb.

Um auf das 4. Gewölbejoch in Brixen zurückzu=
kommen, so zeigt das Kreuzgewölbe in jeder Kappe
gegen den Schlußstein hin einen Engel in weißem flat=
terndem Gewand, welcher ungemein anmuthig und lebendig
bewegt zugleich mit großem Geschick in den Zwickel hinein
componirt ist. Auch die Köpfe dieser Engel mit blondem

Lockenschmuck und schwarzen Augen sind von vieler Lieblich-
keit. Sie halten gewundene Schriftrollen mit Hymnen auf
Gott. Unter den Engeln sind ferner in jeder Kappe zwei
größere und in den Fußzwickeln zwei kleinere Rundmedaillons gemalt, die größeren mit dreipaßförmigem
inneren Feld, die kleineren auch runde Innenfelder
zeigend. In den größeren Medaillons sind die vier
lateinischen Kirchenväter, sowie die vier Symbole der Evangelisten dargestellt, erstere im bischöflichen oder geistlichen Ornat, mit ausdrucksvollen,
begeisterten Köpfen, in weicher Bewegung, mit zarten,
schlanken Fingern; die Symbole in feurigen Lineamenten
componirt, ähnlich den vorerwähnten Thieren. In den
kleineren Bildern sind Propheten, theils mit bartlos
jugendlichen, theils bärtigen idealistisch begeisterten
Köpfen, Schriftrollen haltend, in Brustbild dargestellt.
Tinkhauser glaubt in einem Rahmen „P. Baccar.“
als Namen des Meisters gelesen zu haben; unmöglich
aber ist derselbe mit B. Baccarini von Ferrara zu
identificiren, wie Tinkhauser will, indem dieser erst
um die Mitte des 15. Jahrhunderts zu wirken begann.

Auch zweifeln wir an der italienischen Autorschaft
dieser Gemälde, obwohl sie allerdings eine Eleganz der
Linienführung zeigen, die an italienischen Einfluss erinnert; andererseits ist aber der nachwirkende deutsch-

gothische Idealismus darin doch auch unverkennbar. (Tafel 3).

Demselben Meister sind ohne Zweifel die Deckengemälde zweier Kreuzgewölbe im rechten Schiff der Jakobskirche von Tramin zuzuschreiben, derselben Kirche, in deren linkseitiger Apsis jene hochinteressanten romanischen Fresken sich befinden, welche Dahlke im Repertorium für Kunstwissenschaft (Bd. 5. S. 184 f.) besprochen und publiciert hat, und die jetzt durch Tücher als zu heidnisch den Augen des frommen Publicums entzogen sind.

Auch bei den Deckengemälden von St. Jakob in Tramin sehen wir in jedem Kappenzwickel zunächst dem Gewölbeschlussstein einen Engel in flatterndem Gewand, in anmuthiger Bewegung mit reichem Lockenschmuck ein Schriftband mit einem Hymnus auf Gott haltend (z. B. „Benedictus qui vivit in Deo, Osanna in excelsis" ꝛc.) Ebenso sehen wir in jeder Kappe zwei Rundmedaillons mit innerem Dreipaßrahmen und darin die Brustbilder von Propheten und Doctoren, die im Stil ganz mit jenen der 4. Travée des Kreuzganges von Brixen übereinstimmen, jedoch theilweise übermalt sind. In einem Kappenzwickel ist auch ein flott gezeichneter Löwe dargestellt.

Dem Charakter nach verwandt mit den eben besprochenen Gemälden der 4. Travée sind die im Kreuz-

gewölbe der 9. Travée, welche Tinkhauser sogar demselben Meister zuschreibt, während mir die Composition
und Zeichnung dieser Gemälde minder vorzüglich erscheint und höchstens auf dieselbe Werkstätte hinweisen
dürften. Jede Kappe enthält vier kleinere und drei größere
Rundmedaillons, die mit ähnlichen Bogenfriesornamenten
eingefaßt sind, wie die im 4. Kreuzgewölbe. Zwei kleine
Medaillons befinden sich im Zwickel der Kappe zunächst dem Schlußstein, je eines in jedem unteren
Zwickel; in der Mitte die drei größeren. — Diese letzteren enthalten in der Mitte das Hauptbild, aus der
Jugendgeschichte Christi, zu beiden Seiten parallele
Nebenbilder aus dem alten Testament; die kleineren
Medaillons zeigen Propheten-Brustbilder mit Inschrift-
rollen.

––– – ––

Es folgen der Zeit nach die Deckengemälde der
7. Travée, welche in verschiedenen, meist der Thierwelt
entnommenen Symbolen auf Marias unbefleckte Em-
pfängnis, sowie auf Christi erlösende Mission an-
spielen. — Wir sehen in einem Feld den Strauß,
der seine Eier durch die Sonne ausbrüten läßt, daneben den Pelikan, der seine Jungen mit seinem Blute
nährt; im 2. Felde die Vestalin Tuscia, welche
in einem Siebe Wasser trägt, daneben einen Löwen,

der durch sein Brüllen seine Jungen zum Leben er=
weckt; das 3. Kappenfeld ist zerstört; im 4. Feld ist
ein Bär sichtbar, daneben eine Frau, deren zwei
Kinder durch ihre Berührung eine Thüre öffnen. —
Außerdem sind die Porträts der zwei Stifter
Conrad von Neuenburg, gest. 1424, sowie des
Mag. Nicolaus Bigessel, gest. 1427, in den
Deckenfeldern angebracht. Die Figuren, insbesondere
die Thiere, sind lebendig gezeichnet, doch hat uns der
beschädigte Zustand keinen bestimmten Schluss über
die Stellung des Meisters ermöglicht. An der West=
wand der 9. Travée sind sodann zwei Reihen von Gemälden sichtbar; die obere, das Bogenfeld ausfüllende
Reihe zeigt eine Pietà mit der h. Catharina,
welche den 1446 verstorbenen Stifter, Gregor
Sybar, Canonicus von U. L. Frau, empfiehlt, sowie
rechts davon einen Propheten. Auf dieses Gemälde
werde ich weiter unten zurückkommen, da ich dann den
Meister oder doch die Schule, der es angehört, hoffe
bestimmen zu können; die untere Reihe von Gemälden
dieser Wand zeigt ganz verdorbene Heiligenfiguren
und in der Mitte eine heilige Familie, die noch
der gothischen Periode angehören.

Zunächst haben wir jetzt zwei Gemälde zu betrachten, welche den Eccehomo und Christus am Kreuz darstellen und sich an der Süd= und Westwand der dritten (Eck=) Travée befinden.

Da sich unter der Kreuzigung der Grabstein des am 22. December 1435[1]) verstorbenen Canonikers Ingenuinus Brandl befand[2]), so sind die beiden, zu= sammengehörigen Gemälde nach der im Kreuzgang beob= achteten Sitte als eine Stiftung des erwähnten Geist= lichen zu betrachten und in der That stimmt der Stil der Gemälde vollkommen mit diesem Datum überein. Wir sehen in denselben einen weiteren Schritt des Uebergangs vom gothischen Idealstil zum Realismus des 15. Jahrhunderts, ohne daß doch noch ein flan= drischer Einfluß bemerklich wäre. Der alterthümliche Nachklang macht sich besonders in dem noch wenig geschweiften Faltenwurf, sowie den welligen Säumen geltend, obwohl auch schon mehr natürliche Motive

---

[1]) Tinkhauser, Mitth. I. p. 21 giebt fälschlich 1448 an.

[2]) Siehe Resch: Monumenta veteris Ecclesiae Brixinensis 1765. p. 28: „28. Epitaphium authent. cum effigie sacer- dotis cum calice, in latere occidentali sub imagine Christi Crucifixi: † Anno Dni. mccccxxxv die xxii Decembris obiit Dominus Ingenuinus Grandel, Canonicus Ecclesie Brixinensis. Cujus anima requiescat in pace."

daneben vorkommen. Der realistische Trieb hat eine
stark dramatische Richtung und weist auf italienische
Anregung hin, die besonders auch in den kühnen Ver-
suchen, menschliche Formen und Bewegungen in den
stärksten Verkürzungen, sowie anatomische Details dar-
zustellen, hervortritt. Die Köpfe haben ein nach unten
stark zugespitztes, bei den Frauen schmäleres, bei den
Männern breiteres Oval, starke Brauen, die Männer
meist scharfgebogene, die Frauen lange gerade Nasen,
die schwarzen Augen sind noch etwas mandelförmig,
der Mund bei den Frauen mit hohen Lippen und kurz,
bei den gemeinen Männern lang und verzerrt, das
Kinn unter den schmalen Wangen stark gerundet hervor-
tretend. Die Haare sind häufig dunkel, vielfach in sche-
matisch gemalten, perückenartig das Haupt umgebenden
kugelförmigen Locken dargestellt. Die Proportionen der Figuren sind schwankend, die eine breit und untersetzt, die
andere übermäßig schlank, ebenso ist die Perspective in
ihren Größenverhältnissen vollständig unsicher, die fer-
neren Figuren vielfach größer als die näheren u. s. f.
Dabei aber zeichnen sich dieselben durch einen sehr
lebhaften Ausdruck in den Bewegungen, wie besonders
in den Mienen aus, in diesen geht derselbe oft bis
zur Wildheit und Rohheit, hie und da auch zur mani-
rirten Carricatur über. — Alles in allem ist dem
Meister eine originelle Kraft eigen, vermöge deren seine

Gemälde einen bestimmten Eindruck hinterlassen, der den Anhaltspunkt zu weiteren Forschungen nach seinen Werken gewährt. Diese Kraft prägt sich auch in dem warmen Colorit, mit bräunlichem Fleischschatten aus, das durch einen auffallenden Prunk an gestickten und reichen Costümen unterstützt wird.

Das erste der erwähnten Gemälde dieses Meisters im Kreuzgang stellt also die **Präsentation Christi vor dem Volke** dar. Am Portal einer italienisch-gothischen Halle steht Christus, ganz in Vorderansicht, etwas vierschrötig und in der Stellung schwankend, doch mit gut verkürzten Füssen und das entschiedene Bestreben des Künstlers nach charakteristischen Linien bei schwierigen Problemen verrathend. Neben ihm steht ein Mann in pelzverbrämtem Rock und eng-anschließenden Beinkleidern. Im Vordergrund stehen, tiefer als Christus, jüdische Priester und Volk, theils in Profil, theils in **Rückansicht**, unter letzteren besonders bemerkenswert eine Gestalt in weißem, faltenreichen Mantel mit gelben Borten, die über beide Schultern und die Mitte des Rückens herablaufen, mit langem gelockten, wallenden braunen Haar. Der Faltenwurf ist ausdrucks- und geschmackvoll in geschwungenen Linien behandelt, vom erhobenen Kopf sieht man nur das Haar und die **Nasenspitze**, von den Armen nur die Oberarme und eine erhobene Hand, die über

der Schulter emporragt. — Aehnliche naivkühne Stel-
lungen finden wir bei Giotto und seiner Schule. —
Unter den anderen Figuren sind einzelne verspottende
Handbewegungen, die derben Physiognomien, sowie im
Hintergrund die gereihten behelmten Köpfe von Kriegern
charakteristisch für den Meister. — Auch diese gehar-
nischten Krieger, mit ihren starrenden Lanzen, in dichtem
Gedränge, erinnern stark an italienische Künstler, frei-
lich noch des 14. Jahrhunderts, besonders an die
Sienesen Bartolo di Fredi und Berna.

Rechts am Rande dieser Scene ist als selbständige
Figur der Täufer in gothischer Nische, in rothem
Gewand mit geschweiftem Faltenwurf, mit idealisirtem
strengen Kopf dargestellt; darunter die knieende Figur
des geistlichen Stifters im Gewand eines Canonikers,
mit scharfgeschnittenen Zügen und vorgeschobener Unter-
partie des Gesichtes.

Von demselben Meister ist nun die Kreuzigung
auf der im rechten Winkel anstoßenden Westwand, welche
nicht nur besser erhalten, sondern auch mit zahlreicheren,
in mannigfacheren Bewegungen befindlichen Figuren
als das zuvorgenannte Gemälde geschmückt ist und
daher eine noch sicherere Unterlage zum Studium der
Eigenthümlichkeiten des Meisters bietet.

Wir sehen Christus am Kreuz, mit geneigtem Haupte,
ungemein langgestreckt, die Anatomie deutlich, wenn

auch uncorrect bezeichnet, das Fleisch mit bräunlichem Schatten. — Zu beiden Seiten sind die Schächer in stark verrenkten und verkürzten Stellungen vornüber mit dem Kopf an ihr Kreuz gebunden. Während der zur Rechten Christi vertrauensvoll zum Himmel blickt, und ein Engel seine Seele aus dem Munde zu sich emporzieht, entreißt dem andern von Verzweiflung verzerrten Verbrecher ein geflügeltes Teufelchen die als nacktes Kind dargestellte Seele.

Am Fuße des Kreuzes stehen Maria, Magdalena und Johannes schmerzlich ergriffen. Pharisäer und Soldaten grinsen mit höhnischem Lachen und Zähnefletschen empor, während der Hauptmann der Söldner einen edleren Typus zeigt und hinaufweist mit den Worten: „Vere filius Dei erat hic.“ Bei ihm, wie bei anderen finden wir jene kugelförmige Lockenperücke, die wir schon am anderen Gemälde sahen; außerdem sind die starken, bisweilen getheilten Kinnbärte, die wilden Augen, starkgebogenen Nasen, breiten, wulstigen Lippen, vortretenden Kinne charakteristisch für diesen Meister. — Den Hintergrund füllen wieder Geharnischte mit Spießen und Fahnen aus; auf einer weißen Fahne ist ein schwarzer Skorpion abgebildet. — Wir nennen daher den Maler dieser Gemälde: „Brixener Meister mit dem Skorpion“, wie begründet dieser Name ist, wird sich sogleich ergeben, indem wir eine

Reihe von andern Gemälden namhaft machen können, die, wie sich aus einer Stilvergleichung mit Gewißheit ergiebt, von demselben Meister herrühren und in der Mehrzahl der Fälle ebenfalls die weiße Fahne mit dem schwarzen Skorpion als Abzeichen des Meisters zeigen.[1]).

---

[1]) Wohl nur zufällig ist die Uebereinstimmung des Abzeichens dieses Malers mit dem Wappen der adeligen Familie von Tarrant, welche nach Canonicus Mayerhofens handschriftlichen „Genealogien des tirolischen Adels. VII. Bd. Erloschene Geschlechter, 5. Abhandlung“ im Ferdinandeum, im Jahre 1140 durch Pilgrim Tarrandus, einen Flüchtling aus „Tarranto“ „in oberwelschen Landen“ (Tarent?) in Tirol gegründet worden sein soll. Pilgrim Tarrandus kaufte sich nach M. bei Plaus an, Berthold Tarrant erbaute 1260 das Schloß Tarrantsberg bei Nauders, Friedrich Tarrant fiel 1386 bei Sempach und wurde zu Königsfelden bestattet, das älteste Wappen dieses Geschlechtes war eine schwarze Tarrantola (die giftigste Gattung der Skorpione) im weißen Feld . . .“ Das Schloß Tarrantsberg (Dornesberg) kam im 13. Jahrhundert an die Familie Reichenberg, 1347 durch Kauf an Heinrich von Annaberg, nachmals an die Fieger von Friedberg und endlich 1732 durch Heirat an die Grafen von Mohr. Daß unser Maler für sein Abzeichen gerade auch dieselben Farben wählte, wie sie das genannte Familienwappen zeigt, könnte möglicherweise darauf hindeuten, daß das Dorf Tarrantsberg sein Heimatsort gewesen sei.

Zunächst möge noch ein Gemälde im Kreuzgang selbst genannt werden, das sich an der Ostwand der 14.

Andererseits aber ist der Skorpion ein altes Symbol der Bosheit und Hinterlist. Schon bei den Aegyptern war er das Sinnbild des Typhon (Binder Lexicon s. v. Skorpion); er findet sich, wahrscheinlich zur Abwehr des Bösen, öfter auf aegyptischen Siegeln, so z. B. auf dem großen goldenen Siegelring des letzten Königs der 18. Dynastie, Armais, im Louvre zu Paris. (Pierret, Catalogue. n. 481; Perrot et Chipier, Gesch. d. K. im Alterth. Leipzig 1884, I. p. 676). — In Chaldaea, Babylon und Assyrien gehörte der Skorpion bereits zu den Figuren des Zodiakalkreises, einer altchaldäischen Vorstellung. So finden wir ihn unter den symbolischen Geräthen und Thieren, welche auf dem berühmten caillou (Kiesel) Michaud zu London dargestellt sind. (Abb. bei Rawlinson, the five great monarchies, II. p. 574). In der christlichen Symbolik bedeutet er, wie uns Herr Prof. P. Limbourg gütigst mittheilt, hinterlistige, rachgierige Menschen (Zedler, Universallexicon s. v. Skorpion), die Macht des Bösen (Bochartus, Hierozoicon p. 554; Migne, Tertullian II p. 721; Grebler, Ethische Naturbilder p. 71. n. 214); speziell auch die rebellischen Juden (Bibl. sacr. II p. 994 s. v. Scorpio, Ecechiel II, 6). Der gekrümmte Schwanz wird auf ränkevolle Bosheit bezogen (Migne). Auf christlichen Kunstdarstellungen kommt der Skorpion als Thier des Zodiakalkreises häufig und schon früher vor, so z. B. auf zwei Fragmenten von Elfenbeinreliquiarien, angeblich des 11. Jahrhunderts im Münchner National-museum (nach unserer Ansicht älter und noch carolingisch).

3

Travée befindet und Christus als Kind im
Tempel mit den Pharisäern disputirend darstellt. —

___

wo über den Köpfen der Apostel in den Lünetten der sie
umrahmenden Arkaden die zwölf Figuren des Thierkreises
dargestellt sind; der Apostel unter dem Skorpion ist wahrscheinlich S. Bartholomaeus, auf dessen Marter der Skorpion bezogen wurde (Joh. Henr. Alstedii scientiarum
omnium Encycl. I. II. p. 412. Lugd. 1649.) Dagegen
als Symbol menschlicher Bosheit haben wir ihn auf keiner
älteren Darstellung, sei es deutscher, italienischer oder byzan-
tinischer Provenienz finden können; die hie und da bei
den Kreuzigungen vorkommenden Fahnen sind vielmehr ge-
wöhnlich mit den bekannten Lettern S. P. Q. R. (Senatus
Populus Que Romanus) bezeichnet. Von außertiro-
lischen Beispielen seines Vorkommens im zuletzt erwähnten
Sinne ist uns nur eines bekannt: auf dem Schilde eines
Soldaten am Grabe Christi an einer der um 1460 von
Donatello für S. Lorenzo in Florenz hergestellten Bronze-
kanzeln ist der Skorpion in Relief cifelirt. Dagegen kommen
in Tirol Fahnen mit dem Skorpion oder mehreren solchen,
jedoch in anderen Farben als die oben besprochenen, auf
einigen späteren Bildern noch vor, die jedoch gleichfalls aus der Brixner Schule stammen. Ein Flügelaltar in der Kapelle von S. Walpurgen oberhalb Kematen
bei Taufers zeigt auf einer Kreuzigung, welche der Brixener
Schule vom Anfang des 16. Jahrhunderts zuzuweisen ist,
eine Standarte mit drei schwarzen Skorpionen auf
gelbem Grund. Auch auf der Kreuztragung Christi
im Kreuzgange der Franziskanerkirche in Schwaz

Christus sitzt im Hintergrund unter einem Baldachin, zu dem zahlreiche Stufen emporführen. — Neben ihm Maria und Joseph. Unten sehen wir mit aufgeregten Geberden, leidenschaftverzerrten Gesichtern die Pharisäer sich gruppieren.

Ihre vortretenden Gesichter, ihre spitzen Bärte, ihre wilden Augen, stark gekrümmten Nasen, wulstigen, breiten Mäuler, der bräunliche Ton ihres Fleisches sind unverkennbare Merkmale des Meisters mit dem Skorpion, der hier jedoch eine spätere Stufe seiner Kunst offenbart, als in den zuvorgenannten Gemälden, indem er hier bereits im Faltenwurf eine entschiedenere Nachahmung der brüchigen Gewandung der flandrischen Schule zeigt,

---

vom Jahre 1522 finden sich hellbraune Skorpione auf rothen Fähnchen dargestellt. Wie ich schon früher (Die Gemäldesammlung des Ferdinandeums. Innsbruck, Wagner 1886 p. 78.) aus andern Gründen vermuthete, scheinen die Wandgemälde der Ostwand, sowie die drei östlichsten der Südwand im erwähnten Kreuzgang von einem Tiroler „der mit der Brixener Schule, speziell mit Jakob Sunter im Zusammenhange stand, herzurühren." Unser Meister, dessen Werke wir, wie nochmals zu betonen ist, aus stilistischen Gründen erkannten, noch ehe wir überall den Skorpion bemerkt hatten, scheint daher diesen letzteren, zugleich als sein Abzeichen und als ein Symbol angewendet zu haben und dann von anderen Brixener Malern, die ihn vielleicht nur als Symbol auffaßten, nachgeahmt worden zu sein.

3*

während die zuvor genannten Gemälde noch vorwiegend idealgeschweifte oder doch weichere, natürliche Motive des Faltenwurfs aufweisen. In der That weist eine an der Wand befindliche Jahreszahl auf 1464 als Zeit der Entstehung hin.

———

Wenn wir uns nun nach anderen Gemälden dieses Meisters umsehen, so muß zunächst, um möglichst chronologisch zu verfahren, wieder zurückgegriffen und ein Kreuzigungsbild in Wilten genannt werden, das von allen Bildern dieses Meisters das älteste mir bekannte ist und noch am meisten der idealen Richtung folgt und beweist, daß der Meister, so sehr er im einzelnen an gewissen Eigenheiten und Lieblingsmotiven zu erkennen ist, doch keineswegs bloß ein gedankenloser Handwerker war, der traditionelle Compositionsmotive mechanisch wiederholte, sondern daß er in seinen verschiedenen Darstellungen des nämlichen Gegenstandes auf Abwechslung und Unmittelbarkeit der Erfindung Wert legte. Wir sehen hier links eine tief empfundene Gruppe trauernder Frauen, deren Schmerz sich an den, wenn auch noch byzantinisirend länglichen, im Typus gleichförmigen Köpfen, sehr ergreifend ausdrückt. Hinter den Frauen sind Soldaten mit Lanzen, von denen einer die Seite Christi durchsticht, sowie ein Jude in reicher

Tracht, welcher Christus verspottet und dabei mit einem Finger ein Auge zudrückt, ein Motiv, welches auf allen Kreuzigungen dieses Meisters (denn es gibt deren noch mehr) wiederkehrt. In dem vorderen, freilich zu klein gerathenen Soldaten, der Christus den Schwamm hinhält, ist wieder die dem Meister eigene Kühnheit in den Bewegungsmotiven, die weit seinem Können vorauseilt, zu bemerken: wir sehen den Soldaten von hinten sich seitwärts gegen Christus emporwenden. Dagegen ist viel steifer, wenn auch keineswegs ohne Ausdruck die Figur des zu Christus mit gefalteten Händen emporblickenden Johannes auf der rechten Seite. Er zeigt wieder jene Lockenperücke, die der Meister liebt. Daneben sehen wir Soldaten zu Pferd (diese sehr hölzern) theils von hinten, theils im Dreiviertelprofil, meist mit langen gebogenen Nasen, in reichen Rüstungen und Trachten.

Christus, mit edlem Ausdruck des geneigten Kopfes zeigt hier dieselben langgestreckten Verhältnisse und magern Formen, wie im Kreuzgang zu Brixen; die Gestalten der Schächer sind hier rücklings über den Querbalken ihres Kreuzes in kühnen Bewegungen zurückgelegt, statt wie dort nach vorn; auch hier werden ihre Seelen als kleine Kinder von einem Engel und einem Teufelchen aus dem Munde der Delinquenten gezogen.

Der Hauptmann Longinus im Hintergrund, mit

einer Art Dogenmütze, hält wieder die Inschrift: „Vere filius Dei erat iste.“

Auch auf diesem Bilde sieht man zwischen den ragenden Speeren und Hellebarden eine Fahne mit dem Skorpion, die ich erst nachträglich, als Bestätigung meiner Vermuthung von der Identität des Meisters dieses Bildes mit dem im Kreuzgang von Brixen, entdeckte. (Tafel 4).

Dasselbe Zusammentreffen von Umständen findet statt bei einem Gemälde des Ferdinandeums in Innsbruck (1. Cab. n. 5), welches gleichfalls eine Kreuzigung darstellt.[1] — Auch an diesem Gemälde erkannte ich aus stilistischen Gründen, daß es von demselben Meister herrühren müsse, wie jene

---

[1] Das Gemälde im Ferdinandeum stammt aus dem Besitze desselben Canonicus von Mayrhofen, dem wir die oben angeführten Notizen über die Familie der Tarrante von Tarrantsberg, sowie ihr Wappen entnahmen. — Irrig ist aber die Annahme des Schenkers, daß das fragliche Gemälde, welches bis 1643 in der Kapelle U. L. Frau in Brixen die Mitteltafel eines Flügelaltars bildete, von Thomas Tarrandus, Probst und Domherrn in Brixen, der 1295 starb, gestiftet worden sei, indem das Gemälde viel jüngeren Datums (vom 15. Jahrh.) ist.

andern beiden, und weil ich hier zuerst auf einer Fahne
den Skorpion entdeckte, benannte ich den Meister dieser
verschiedenen Gemälde danach, um nachträglich die
Genugthuung zu haben, auch auf den anderen den
Skorpion zu finden. — Dieses Gemälde, bereits im
Unterschied zu der Temperatafel in Wilten, in Oel
ausgeführt, in warmen kräftigen Tönen mit bräunlichem
Fleischschatten, zeigt im allgemeinen dieselbe Auffassung
und dieselben Hauptmotive, wie die zuvor genannten
Kreuzigungen, stimmt auch in den Typen, Trachten und
Bewegungen der Figuren damit überein, weist aber im
einzelnen doch wieder genug andere Motive als jene
auf, und stammt offenbar aus einer späteren Zeit des
Meisters, vermuthlich wie das Wandgemälde der Dispu=
tation Christi im Brixener Kreuzgang aus den Sechziger=
jahren des 15. Jahrh., da es in den knittrigen Mo=
tiven des Faltenwurfes, in der Oeltechnik, wie in dem
gesteigerten Realismus schon entschieden flandrische Ein=
wirkungen zeigt.

Auch hier ist die Figur Christi übermäßig schlank
und mit scharfer, wenn auch unrichtig ausgeprägter
Musculatur, während die Schächer mit zerhackten Armen
mit dem Oberkörper vorne über an ihr Kreuz gebunden
sind. Um Christus schweben zwei liebliche, anbetende
Engel, sein Blut auffangend (wie in Brixen und
Wilten), während die Seelen der Schächer in der ge=

schilderten Weise von einem Engel und einem Teufel aus dem Mund der Verbrecher gehoben werden. Links unten sieht man Maria, mit dem Schwert der Schmerzen in der Brust, von Johannes gestützt, Magdalena umfaßt knieend den Kreuzesstamm, zwei andere Frauen stehen weiter zurück, dahinter ein Jude in der Weise wie in Wilten mit dem Finger das Auge kneifend, ferner Krieger zu Pferd und zu Fuß, mit starrenden Lanzen, der eine Christi Seite durchbohrend, ein anderer die Fahne mit dem Skorpion, schwarz auf weiß, haltend. Rechts sehen wir wieder einige Männer in reichem Costüm, darunter den Hauptmann mit dem erwähnten Spruch, sowie Soldaten.

———

Derselben spätern Zeit des Meisters gehören endlich die Fresken an, welche die Wände des Langhauses, wie die Gewölbefelder des Chorraumes in der Kirche von Klerant bei Brixen schmücken.

Auch hier gieng die stilistische Erkenntnis des nämlichen Meisters der Entdeckung seines Wahrzeichens, des schwarzen Skorpiones auf weißem Feld voran. Bereits bei der Besichtigung der Fresken an Ort und Stelle überzeugte ich mich von der Identität des Meisters mit dem der zuvorgenannten Gemälde; bei genauer Untersuchung der Einzelheiten auf den davon vorhandenen Photographien entdeckte ich abermals den Skorpion.

Die Fresken vertheilen sich folgendermaßen:

Die linke Wand der einschiffigen Kirche zeigt drei auf Wandpfeilern ruhende spitzbogige Blendarkaden, deren Bogenfelder je vier teppichartige, mit gothischen Ornamenten umrahmte und von einander getrennte Frescobilder enthalten. Die vertical und horizontal laufenden Streifen durchkreuzen sich im rechten Winkel, doch geht der Verticalstreifen nicht vom Scheitel des Bogens, sondern vom rechten Bogensegment herunter, so dass links zwei größere Felder als rechts entstehen. Die größeren Felder zeigen Scenen aus der Passion Christi, die kleineren Parallelscenen dazu aus dem alten Testament.

Im 1. Bogenfeld zunächst der Thüre sind oben das h. Abendmahl, unten Christi Kreuzigung, und als alttestamentliche Parallelscenen dazu oben die Mannalese und unten die Vorbereitung zur Opferung Isaaks dargestellt.

Im Abendmahl sehen wir Christus und die Apostel an beiden Langseiten eines viereckigen Tisches sitzen, auf der hinteren Seite acht Apostel, auf der vorderen Seite vier, halbseitwärts gewendet, unter ihnen Judas, mit wildem rothbärtigen Gesicht, welchem Christus ein Stück Brot in den Mund schiebt, während Judas mit der Rechten hinter sich einen Fisch verborgen hält, mit der Linken eine Schale, aus der ein Teufelchen ihm in den Mund fliegt. Die drei Apostel neben ihm erheben entsetzt beide Hände, ebenso die auf der andern Seite sich um Christus drängenden, während Johannes, das Haupt vor Christus auf den Tisch legend, schlummert. Eine Schriftrolle vor Christus aus quer über den Tisch fallend, enthält den evangelischen Spruch: „Venite et comedite panem meum et bibite vinum quod miscui vobis.“

Daneben sieht man Moses (Inschrifttafel über seinem Haupt: „Mopses“) gehörnt, in reichem, pelzverbrämtem Kaftan, neben ihm mehrere vornehme Juden, mit den Händen gesticulirend, zu seinen Füssen zwei andere, welche das Manna in Körben auflesen. Anderes Manna fliegt noch in der Luft. Oben besagt eine Inschrift: „Das sakrament d. hie bezaichnet pedait prot d. den juden geben wart er hat unz vil grose liß erzaigt der da evig ist.“ (Tafel 5).

Die Kreuztragung in der untern Reihe zeigt die charakteristischen Seiten des Meisters in ausgeprägter Weise; das Getümmel von geharnischten und behelmten Kriegern mit aufragenden Hellebarden und Fähnlein, darunter das mit dem Skorpion, die wilden, stark markirten, grinsenden Züge der Soldaten und Henkersknechte, die energischen Bewegungen, die kugelförmigen Locken.

Christus stürzt nach vorn, zwei Henker zerren mit Stricken an seinem Hals und Leib, ein dritter knict auf seinem Rücken und tractiert ihn mit Faustschlägen, während Simon von Kyrene ihm von hinten das Kreuz tragen hilft. Weiter hinten sieht man die beiden Schächer mit verbundenen Augen, im Armensünderhemd und gefesselten Händen, während Christus mit langem violetten Kittel bekleidet ist. Ganz hinten rechts sieht man die klagenden Frauen, welche ein Scherge mit Schlägen zurücktreibt. (Tafel 6).

Die Parallelscene zeigt Isaak, wie er das Holz zu seiner Opferung herbeiträgt, mit der Inschrift: „Abrams sun sein Holz traget auf seinem Halse da weil in sein vater volt verprenn er solt ein vorBilt von unsern Hern isuz sein.“

Als oberes Hauptbild im 2. Bogenfeld sind zwei Scenen zusammengezogen: Christi Gebet auf dem Oelberg im Vordergrund, sowie seine Gefangennahme im Hintergrund. Christus erscheint auch hier in violettem Gewand, Judas in gelbem. Vor dem betenden Christus befindet sich die Inschrift in barbarischem Latein: „Pater si posiBile est fugeat calic izte ame.“

Auch hier finden sich die charakteristischen Eigenheiten

des Meisters, die Grimassen der Krieger, die vorgeschobenen Unterpartien der Köpfe, wo diese sich etwas
erheben sollen, die kugeligen Locken.

Das Gegenbild stellt die Töbtung des Amasa
durch Joab dar, den einen in kurzer Tunica und
Tricot, den andern in langem, grünen, weiß eingefaßten
Rock; Ersterer hält Amasa am Kinn und stößt ihm
ein Schwert in die Brust. Die Inschrift darüber
lautet: „Der valsch grus der Jeso so oft gescha
der wert bi pezaichnet am joab und amasam also
hat verrathen judas jesum välschlichen." (Tafel 7).

Das untere Hauptbild des 2. Wandbogens zeigt
uns Christus am Kreuz, sehr langgestreckt, zur
Seite wieder die Schächer vornüber gebunden, mit
zerhackten Armen, während je ein Engel und ein
schwarzes Teufelchen ihre betreffenden Seelen als Kinder
ihnen aus dem Munde ziehen. Rechts vom Kreuze
stehen Oberste und Pharisäer mit recht höhnischen
Gesichtern, die Christus verspotten, während der Hauptmann im Vordergrund seine Hand auf die Brust legt, im
Begriff, jene Worte des Evangeliums Marci: „Wahrhaftig,
dies war der Sohn Gottes" auszusprechen, die hier
aber nicht angegeben sind. – Johannes fehlt hier;
links sehen wir wieder den Knecht in langer Tunica,
der Christus den Speer in die Seite stößt und seinen
Zeigefinger an's Auge hält; ein geharnischter

Soldat treibt die klagenden Frauen mit Schlägen auf die Seite.

Das Bild ist bedeutend roher gemalt, als die andern Kreuzigungen dieses Meisters. Besonders fällt die Steifheit der Beine hier unangenehm in die Augen; dagegen prägt sich der wilde, markante Charakter der Köpfe roher oder feindseliger Männer in einer für den Meister besonders bezeichnenden Weise hier aus.

Interessant sind auch hier besonders die seltsamen Kopfbedeckungen, die der Meister liebte, sowie die Gewänder. (Tafel 8).

Die Nebenscene zeigt uns den Opfertod des Eleazar, der sich vom Elephanten zertreten läßt, um ihn gleichzeitig mit dem Schwerte zu durchbohren. Die Inschrift lautet: „Jsuz ist sie gebildet tot vaz auch schon bezaichnet ward am Eleazar Machabaeus, der sich in den tot gab das er den gewaffneten Helfant erslach." Der „Helfant", den der Meister offenbar nur vom Hörensagen kannte, ist gepanzert wie ein Ritter und hat einen Eselskopf mit umgekehrt angesetztem Kuhhorn als Rüssel, sowie Ochsenbeine. ¹)

---

¹) Trotz dieser ungenauen Darstellung des „Helfant" scheinen sich die Brixener für diesen Dickhäuter doch besonders interessirt zu haben, indem sie das erste leibhaftige Exemplar, welches anderthalb Jahrhunderte später die Stadt passirte durch ein lebensgroßes Conterfey an der Fassade des Gast-

Im 3. Bogenfeld sehen wir als oberes Hauptbild
Christus vor Pilatus, ersterer umbrängt von
Gepanzerten, letzterer von Rathsherren. Das Gegenstück zeigt uns laut Inschrift: „So daz judenvolck
jsuz forfüret allda dem pilato allso ward fürge-
füret for den könig Daniel." (Tafel 9).

Das untere Hauptbild behandelt Christi Auferstehung: Christus mit breitem, weibischem Gesicht —
das Ruhige, Erhabene gelang dem Künstler nicht recht
— kniet mit einem Beine auf dem Grab, indem um
seinen nackten Leib ein reich gefalteter Mantel fällt,
der schon flandrische Einwirkungen verräth. Er hält
die Kreuzfahne und erhebt segnend die Rechte. — Ab-
weichend von den gewöhnlichen Darstellungen umgiebt
ihn zu beiden Seiten eine ganze Abtheilung schlafender
geharnischter Krieger, es lassen sich, zieht man
alle aufragenden Helme in Betracht, deren zwanzig
zählen. Sie sind derb und roh behandelt, zum Theil
aber in sehr ausdrucksvollen, hünenhaften Stellungen
vorgeführt. Die scharfen Striche in Christi Gewandung
und Härte der Lichter und Schatten ist wohl größten-
theils der stümperhaften Hand des Restaurateurs zu-

hofes verewigten, der diesem selben Thiere seit dem epochemachen-
den Tage, an dem es vorbeigeführt wurde, seinen noch heute
rühmlichst bekannten Namen verdankt.

zuschreiben, welcher auch diese Gemälde, wie so viele in Tirol, nicht entgiengen.

Das Gegenstück zeigt die Ausspeiung des Jonas durch den Walfisch, mit originellen Ungethümen, Fischmännern, Wasserjungfern, Centauren rc. im Wasser, die sich bekämpfen, eine paganisch-romanische Reminiscenz [1]).

Außer diesen Wandfeldern sind ferner die Gewölbkappen des fünfseitigen Chores von demselben Meister ausgemalt. Diese Darstellungen, welche sich hauptsächlich auf die Wunder des h. Nicolaus beziehen, scheinen vom Restaurator weniger berührt worden zu sein.

Die Gemälde sind auf fünf Schildbögen und zwölf Gewölbezwickel vertheilt. In den zwei Zwickeln, welche sich an den Triumphbogen anlegen, sehen wir auf der einen Seite drei liebliche gekrönte Frauengestalten, welche Aepfel in den Händen halten, während im Hintergrund auf einem Berg ein Kirchlein steht. — Bezeichnet sind sie: S. Ambet, S. Gewerbet und ohne

[1]) Man ersieht aus der Aufzählung dieser Gemälde, daß die Reihenfolge der Scenen die oberen Theile der Wandbögen, hierauf die unteren durchläuft; der räumlichen Uebersichtlichkeit halber besprochen wird jedoch Bogen für Bogen nacheinander.

Zweifel, obwohl undeutlich: S. Vilbet oder Gaubet.
Es sind dies die drei Jungfrauen, welche nach der
Legende vor den Hunnen auf den Berg von Meransen
im Pusterthale flohen und dort an den Früchten
eines plötzlich aufsprießenden Baumes Labung fanden.
An derselben Stelle bestand zu ihren Ehren schon im
13. Jahrhundert ein Kirchlein, welches ebenso wie der
Berg, ohne Zweifel auf dem in Rede stehenden Gemälde
dargestellt ist. [1] — Gegenüber ist die Verklärung
Magdalenens dargestellt; sie steht, ganz von ihrem Haar
umhüllt auf einem knieenden, sie verehrenden Engel,
vier andere schweben zu ihren Seiten. — Im Hintergrund sind fünf sehr primitiv dargestellte Kirchlein auf
Hügeln sichtbar, ähnlich wie auf dem Bilde der Auferstehung.

---

[1] Dieselbe Legende war auch in Worms, in dem alten
Burgundersitz heimisch, indem sich dort ein alter Grabstein
mit verblichenen Figuren gefunden hat, welche Lilien halten
und über deren Häuptern die Namen: S. Embede, S. War-
bede, und S. Willibede stehen. Nach der Sage waren es
drei burgundische Prinzessinen, welche durch Attila den Märtyrer-
tod erlitten. Nach Tinkhauser's Beschreibung der Diözese
Brixen Bd. I § 66, p. 492 Text und Anmerkung, sowie
Pauli, Geschichte von Worms S. 149. — Herrn Professor
Josef Seeber in Brixen den besten Dank für seine gütige
Aufklärung über diese uns leider bisher unbekannt gebliebenen
Jungfrauen sowie für seinen Hinweis auf die citirte Stelle.

Betrachten wir nun die nächsten Gewölbezwickel von
links aus weitergehend, so folgt im 3. Zwickel die Darstellung des Sündenfalles. Eva, eine anmuthige
Gestalt, mit einem Fell bekleidet, später mit dicken,
blauen Umrissen umzogen, hält in der einen erhobenen
Hand den Apfel, in der anderen gesenkten einen Todten-
schädel, den sie einer im kleineren Maßstab ausgeführten
Volksmenge reicht. Im Hintergrund ist ein Baum-
garten sichtbar. Ein Spruchband darüber sagt:

„Ich han geprochen Gotz gebott
Darumb giß ich euch den pitterlichen tot.“

Unter dem Bilde heißt es:

„Du efa die Schuld war dein
Datz wir müssen arbeiten und leiden große Pein.“

Adam fehlt, der Meister scheint Eva allein für die
erste Sünde verantwortlich gemacht zu haben, also ein
Weiberfeind gewesen zu sein.

Im 4. Zwickel ist Maria mit zwei Hostien in
den Händen, in blauem Gewand und gelbem Mantel
dargestellt. Ihr röthliches Haar schmückt eine Krone
mit Nimbus. Vor ihr stehen ein Papst, Bischöfe und
andere Frommen, über ihr schwebt Gottvater als Brustbild auf goldenem Grund, die Hände vor der Brust
kreuzend. Ueber seiner Schulter sieht man die Taube
des hl. Geistes in einer goldenen Schale, darunter steht

4

das nackte Chriſtkind. Den Hintergrund bilden die
Bäume des Paradieſes.

Neben dem Bilde ſteht:

„Sünder ich han dich wider pracht
Empfißl dir ſpeis mit Andacht.“

Darunter:

O Maria gepererin Gotz, der uns durch dich hat
erlediget von dem ewigen tot.“

Der Schildbogen, der von dieſen beiden Gewölbe-
zwickeln eingefaſt wird, iſt, wie die übrigen vier, durch
ein Horizontalband in ein oberes, ſpitzbogiges und in
ein unteres, viereckiges Feld abgetheilt. Oben ſehen wir
wieder das Abendmahl, links unten einen Papſt,
der an Gläubige die Hoſtie austheilt. In
der Linken hält er eine kleine Figur des Chriſtkindes. Im
Hintergrund iſt ein gothiſcher Flügelaltar mit dem
Bruſtbild Petri dargeſtellt. — Das Gegenſtück hiezu
auf der rechten untern Hälfte des Wandbogens zeigt
uns wieder die Mannaleſe. Moſes ſitzt vor einem
Tiſch, wohin die Körbe gebracht werden. Sechs abwärts ſchwebende Engel ſchütten von oben das Manna
herab.

Im nächſten 6. Gewölbezwickel ſehen wir die Geburt des h. Nicolaus, Biſchofs von Myra. Der-
ſelbe ſteht aufrecht in der Badwanne, die Hände
faltend, neben ihm kniet eine Amme. Die Wöchnerin

liegt im Hintergrund im Bett, eine Frau bringt ihr ein Muß. — Ein Spruchband über der Scene lautet: „S. Nicolaus wart geporen in Mira und fastete dreimal in der Woche." Unten steht: Als S. Nicolaus geporen wart, da stund er auf im pat und lobte Got den Hern Jesum."

Der 6. Kappenzwickel zeigt den h. Nicolaus in grüner Tunica und rothem Tricot, wie er den viel kleiner dargestellten Armen vor einer Kirche sein Gut vertheilt. Die entsprechende Inschrift darunter lautet: „Da S. Nicolaus vater und mutter gestorben war, gaß er das guet alles des Gots willen den Armen."

Die Stirnwand unter diesen beiden Kappenzwickeln zeigt in der oberen Abtheilung die Legende, wie er drei Schwestern heimlich durchs Fenster Gold wirft und sie dadurch aus ihrer Noth und vor der Sünde errettet. Er, in derselben Tracht wie vorher, ist wieder sehr groß, die Schwestern sind als kleine Puppen auf einem Balcon dargestellt. Die Inschrift rechts unten lautet: „S. Nicolaus wirft drei Gottsknöpf zum Fenster hinein den drei armen Manstochter die in das gemein leben wolten gengen sein. — Die Scene in der untern Hälfte des Bogenfeldes stellt seinen Tod als Bischof dar, er liegt im reichen schwarzgoldnen Damastgewand auf der

4*

Bahre, mit einem perlenbesetzten Kreuz auf der Brust, ein Bischof segnet ihn, um ihn herum stehen junge Männer und singende Chorknaben. Eine Ueberschrift besagt: „**Hir empfihlt S. Nicolaus sein geist auf in die Hand des allmächtigen Gotz.**"

Der 7. Zwickel zeigt ihn uns als Patron der Schiffbrüchigen, wie er einen Seesturm beschwört. Er ist in Brustbild als Bischof sichtbar, die Hand erhebend, dabei der Spruch: „Meer ich gebiet dir daz du still seist." Vor ihm ist, von Wellen mit Seeungethümen umgeben, eine Barke mit betenden Matrosen, darunter die Inschrift: „Einstmals war vil volk auf ein Schiff auf dem mer. Da kam ein groß ungewitter, da ruften sie allen Nicolaus bitt Got für uns arme sündige menschen."

Im 8. Zwickel ist die Legende dargestellt, wie der h. Nicolaus einem Kaufmann in Sizilien im Traum befahl, ein Schiff mit Getreide nach Myra zu schicken und dadurch diese Stadt vor der Hungersnoth errettete.

S. Nicolaus im Bischofsornat steht mit den Fingern gesticulirend vor einigen Männern, welche Kornsäcke tragen und verladen. Darüber die Inschrift: „Ich han große hunger in meine land gebt mir des kornes ich will euer zeig sein vor Gott." Antwort: „Das kornn ist uns gemessen die maß müessen wir dem Kaiser bringen." Unter dem Bild: „Doch gaben sie ißm des kornes da sie ßeimkamen war des kornes minder nicßt worden."

Das Gemälde des Schildbogens zwischen den Zwickeln 7 und 8 ist schwer zu betrachten, da die Rückseite des Altars dicht ansteßt. Dasselbe ist in drei Felder, ein oberes und zwei untere getheilt, welche ebenfalls Scenen aus dem Leben des h. Nicolaus ent- halten. Doch treten einzelne charakteristische Männer- köpfe, mit langen braunen Bärten, scharfen Adlernasen, geschlitzten seitwärtsblickenden Augen hervor, welche den Meister mit dem Skorpion so deutlich kennzeichnen.

Im 9. Gewölbezwickel sehen wir den h. Nicolaus den Teufel aus einem Gotteshaus ver- treiben. Nicolaus in grünem und violettem Unter- gewand und scharlachrothem Mantel hält dem Teufel, der braun gefärbt und mit Flügeln und Krallen ver- sehen ist, den Bischofstab vor, mit den Worten: „Dia- volus du böser geist fleuch aus diesem ßaus in naßmen Jsus." Hinter dem Bischof stehen noch an- dere Geistliche.

Im 10. Gewölbezwickel sehen wir Nicolaus, wie er dem thronenden Kaiser Constantinus mit seinem Hofstaat im Traum erscheint und mit den Händen gesticulirend zuspricht, daß er die drei gefangenen Fürsten, welche eine aufrührerische

Provinz ihm wieder unterworfen hatten und hienach des Majestätsverbrechens bei ihm angeklagt und zum Tode verurtheilt worden waren, wieder freigebe: „Hast du die drei Fürsten so wird groß pein ergen über dich und dein Land." Auch hier finden sich wieder die für den Meister mit dem Skorpion so charakteristischen Köpfe und Costüme.

In dem Schildbogen zwischen dem 9. und 10. Zwickel ist die Legende dargestellt, wie der h. Nicolaus diese nämlichen drei Fürsten, Nepotianus, Ursus und Apilio, welche die rebellische Provinz für den Kaiser wieder gewinnen sollten, jedoch durch den Wind verschlagen in Myra landeten und von dem bestochenen Proconsul ergriffen und zum Tode verurtheilt wurden, im Momente, da sie hingerichtet werden sollten, errettete. Unten sehen wir in derselben Lünette die Bekehrung der drei Fürsten, welche von Nicolaus knieend die Taufe empfangen.

Im 11. Zwickel sieht man den h. Nicolaus und vier Pilger, im 12. richtet er einen Heuwagen auf, dabei der Spruch: „O heiliger Sand Nicolaus hilf mir aus Noth." An dem Schildbogen zwischen diesen Zwickeln, in dem sich ein Fenster öffnet, sind über demselben und zu beiden Seiten drei weitere Scenen dargestellt, welche sich auf die Legende beziehen, wie der Teufel als Pilger ein Al-

mosen verlangte und einen Knaben, der es ihm
geben sollte, erdrosselte, worauf der h. Nicolaus ihn
wieder in's Leben rief. — Wir sehen zunächst das von
den Eltern des Knaben gefeierte Gastmahl zu Ehren
des h. Nicolaus, sodann den Knaben, vom Teufel ergriffen, hinstürzen, seinen Bruder und Vater zum Heiligen
flehen, diesen die Hand beschwörend erheben. Eine noch
lesbare Inschrift lautet: „Oß h. Nicolaus mach mir
mein Sußn lebendig, im Nam Jsus steß auf und
püß lebendig.“

Diese Gemälde in den Kappenzwickeln des Chores
der Kirche in Klerant sind im ganzen weit weniger
berührt als die an der linken Seitenwand der Kirche
und tragen durchwegs in ausgesprochener Weise den
Stil des Meisters mit dem Skorpion an sich.

————

Wir haben also eine Reihe von Werken dieses Meisters kennen gelernt, welche sich der Zeitfolge nach etwa
so gruppieren:

1. Kreuzigung auf Holz in Tempera im Kloster
Wilten.

2. Wandgemälde der Kreuzigung und des Eccehomo
im Kreuzgang von Brixen (Südwestecke). 1435.

3. Kreuzigung auf Holz in Oel im Ferdinandeum.
n. 5, I. Cabinet.

4. Fresken in der Kirche von Klerant.

5. Christi Disputation im Tempel. Wandgemälde im östlichen Arm des Kreuzganges von Brixen. 1464.

Während er in den Gemälden n. 1 und 2 im Faltenwurf noch vorwiegend der gothischen, idealen Richtung folgt, so zeigen die übrigen Gemälde seiner Hand schon deutlich den brüchigen Charakter der Faltenwürfe, der ebenso auf flandrische Einflüsse hinweist, wie seine späteren Christustypen (in Klerant), sowie der Gebrauch der Oeltechnik in seinen späteren Tafelbildern.

Im übrigen ist er, trotz mancher alterthümlicher Reminiscenzen, wie den gestreckten Körperformen Christi am Kreuz, den vielfach geschlitzten Augen, den byzantinisirenden Kopfformen einiger Frauen, ein entschiedener Realist, wenigstens in der Empfindung und der Tendenz seiner Darstellungen. Woher er den realistischen Anstoß erhielt, ist nicht ganz bestimmt zu bezeichnen; ohne Zweifel lassen sich einerseits italienische Einwirkungen, besonders in den kühnen Verkürzungsversuchen bei ihm erkennen, andererseits deutsch-flandrische. Hauptsächlich aber ist es seine eigene, bäurisch derbe, aber kraftvolle und ungestüme Natur, welche seine Originalität ausmacht und seine dramatische Richtung bestimmt.

Seine ausgesprochene Individualität war es denn

auch, welche ihm einen bedeutenden, man darf sagen maßgebenden Einfluß auf die weitere Ausbildung der Malerschulen Brixens im 15. Jahrhunderte sicherte.

Dieser Einfluß läßt sich zunächst in entschiedener Weise an zwei von verschiedenen Händen ausgeführten Flügel-altären in Tempera auf Holz erkennen, welche so weit sie erhalten sind, unter den Nummern 6, 7 und 7a im Ferdinandeum zu Innsbruck (I. Cabinet) aufbewahrt werden. Bei 7 und 7a fehlt die Mittel-tafel. Während in n. 6 (Scenen aus der Passion Christi darstellend) der Einfluß des Meisters mit dem Skorpion noch stärker hervortritt, obwohl in dem blassen Fleisch auch noch ein anderer Einfluß sichtbar wird, so tritt in n. 7 und 7a (Scenen aus dem Leben Christi) dagegen das deutsch-flandrische Element mehr in den Vordergrund. — Beide Bilder nähern sich überdies in ihrem Charakter wesentlich noch der Art eines an-deren Brixener Meisters, in welchem eine deutliche Mischung der Schule des Meisters mit dem Skorpion mit oberdeutschen Einwirkungen sich geltend macht.

Dieser Meister heißt nach einer gut erhaltenen Inschrift unter einem seiner Gemälde im Brixener Kreuzgange Jakob Sunter. — Auch von diesem Meister lassen sich eine ganze Reihe von Gemälden in Brixen und Umgebung mit Sicherheit nachweisen.

Er war jünger als der Meister mit dem Skorpion, und seine Hauptthätigkeit fällt in die 2. Hälfte des 15. Jahrhunderts, wogegen die des letzterwähnten etwa in die Zeit von 1430—65 zu setzen ist. Und zwar stand Jakob Sunter wesentlich unter dem Einfluß des Meisters mit dem Skorpion, mit dem er viele Züge gemein hat, so besonders in den Compositionsmotiven einzelner Figuren, wie ganzer Gruppen, wie noch des Näheren nachgewiesen werden soll; ferner in den Mienen der gemeinen Personen, in den Handbewegungen, im Costüm ꝛc. Dabei fehlt aber dem Sunter die urwüchsige Kraft und Energie seines Meisters, so dass die heftigen Bewegungen bei ihm oft in das Komische, Clownartige ausarten; sein Faltenwurf zeigt durchwegs schon den ausgesprochen brüchigen Charakter der deutschen Schulen unter flandrischem Einfluß, wie denn das deutsche Element auch sonst, in den breiteren Typen der Köpfe, in den häufig einwärtsgebogenen Nasen, aber auch in der innigeren, weicheren Empfindung sich bei Sunter mehr geltend macht als bei dem Meister mit dem Skorpion. Besonders gelingen dem Sunter einzelne blondgelockte, anmuthig naive, wenn auch keineswegs ideal schöne Frauen- und Engelköpfe, wie denn auch seinen Männerköpfen die scharf geschnittenen Züge derjenigen jenes Meisters fehlen, wogegen sie dieselben an unmittelbarer Naturwahrheit und Beseelung meist

übertreffen. Auch im Colorit besitzt Sunter mehr Anmuth und Milde als der Meister mit dem Skorpion,
besonders im Fleisch macht sich ein zarter lichter
rosiger Ton gegenüber der schweren bräunlichen Färbung
seines Vorgängers geltend.

Die Gemälde dieses Meisters sind fast durchwegs
datirt, weshalb wir sie auch soweit möglich in der
chronologischen Reihenfolge besprechen wollen.

———

Als die ältesten erhaltenen Wandgemälde des Jakob
Sunter möchte ich die des Schildbogens im
7. Joch des Brixener Kreuzganges ansehen.
In der Mitte des Feldes ist das sogenannte Vesperbild (Pietà) dargestellt, d. h. Maria hält in ihrem
Schoß trauernd die Leiche Christi. Sie hält, in
innigem Gefühl das halb verschleierte, breit und mild
geformte Haupt neigend, mit der Linken die schlaff
herabsinkende Hand Christi, mit der Rechten umfaßt
und stützt sie seinen Körper. Christi Gestalt ist sehr
gestreckt und scharf anatomisch dargestellt; die Schwere
und Starre des Todes ist in dem seitwärts sinkenden
Kopf, den krampfhaft zusammengezogenen Armen mit
nach abwärts fallenden Händen, den kraftlos herab-
hängenden Beinen außerordentlich wahr wiedergegeben.
Madonnas Mantel breitet sich in eckigen, bauschigen

Falten, mit eigenthümlich gezackten Umrissen am Boden
aus. Links von der Gruppe kniet der Stifter, im
Chorherrengewand, die Hände faltend; hinter ihm ist
ebenfalls knieend die h. Catharina, mit beiden Händen
ihn am Rücken gemüthlich und vertraulich gleichsam
vorschiebend, als seine Schutzheilige dargestellt. — Rechts
ist das Brustbild eines ebenfalls betenden bärtigen
Mannes in Zeittracht dargestellt; ein Verwandter
des Verstorbenen, oder ein Prophet. Nach der Inschrift,
wie sie Tinkhauser gelesen, stellt die Stifterfigur den
1446 verstorbenen Canonicus zu U. L. Frauen, Gregor
Sybar, dar. — Während die Köpfe beider Männer
sehr ausdrucksvoll und natürlich gehalten sind, insbesondere der des Stifters, so sehen wir in der heil.
Catharina eine ungemeine Milde und Anmuth, sowohl
in der freundlichen Bewegung, wie in dem lieblichen
rundlichen, echt deutschen Kopf.

Wenn in diesem Bild die gestreckte hagere Gestalt
Christi, sowie der scharfgeschnittene Prophetenkopf an
den Meister mit dem Skorpion gemahnen, so zeigt
uns dagegen die Behandlung des Faltenwurfes, wie
die Milde der weiblichen Köpfe, auch die Auffassung
des Stifterporträts, daß das Gemälde ein Werk des
Jakob Sunter sei, der nähere Nachweis wird im Ver-
lauf der Betrachtung seiner übrigen Werke sich ergeben.
(Tafel 10).

Ganz im nämlichen Charakter ist sodann ein Tem-
peragemälde auf Holz im Kloster Neustift
gehalten, welches den Tod einer heiligen
Schwester darstellt. Dieselbe liegt im Bett, halb
aufgerichtet, das Haupt von einem zackig contourirten
Schleier umrahmt, eine Ordensschwester hält ihr eine
Kerze hin und spricht ihr zu. Weiter rechts steht
eine Zweite, welche eine Reihe von stehenden Kerzen
anzündet. Hieburch wird, wie es scheint, ein geflügeltes
Ungethüm in den Lüften vertrieben. Im Hintergrund sieht man die Giebelfront einer Kapelle.

Die Köpfe der beiden Hauptpersonen sind sehr ausdrucksvoll, sowohl der Ausdruck des Todeskampfes im
Antlitz der Sterbenden, wie der Ernst und die Besorgt-
heit in dem der Beistehenden sind ergreifend. Charakteristisch dabei sind die einwärts gebogenen Nasen, die
großen vortretenden Augen, das breite Oval bei spitzem
Kinn, das Vortreten der unteren Gesichtspartieen. Auch
die eckigen Biegungen der im übrigen ausdrucksvoll
bewegten, hageren Figur sind dem Meister eigenthümlich.

———

Das nächste datirte Werk des Meisters bildet
der leider stark verwitterte und beschädigte Fresco-
schmuck eines an der westlichen Friedhofmauer

der Stiftskirche von Innichen angebrachten Grabschutzdaches, welches in der Form einer Attica auf auslabenden Consolen eine flachbogige Nische umschließt. An der Front der Attica ist die Ver=kündigung, in der Bogenlaibung das jüngste Gericht, in der Lunette sind die knieende Gestalt des Stifters, sowie die Brustbilder verschiedener Heiliger dargestellt. Die theilweise zerstörte Inschrift enthält die Jahreszahl 1458. Der Charakter dieser Gemälde verräth unverkennbar den Stil des Jakob Sunter.

Das nächste Datum trägt ein Wandgemälde an der rechten Wand des einschiffigen, gothischen S. Jakobskirchleins an der Mahr, dreiviertel Stunden von Brixen mit der Unterschrift: „Anno Dm m⁰ cccc seruagesimo primo (1461) die smi (septimo?) mensis Martii obiit honorabilis vir dns Joßes miles al's (alias) dictus Rotel Cappll'a' (Cappellanus) altaris Scti Stephani cui' (cujus) ana (anima) requiescat in pace.“ Darunter steht eine Inschrift, wie es scheint, in einer Mischung von deutsch und romanisch, welche nach Tinkhauser lautet: „Nach Christi geburt 1400 und darnauß in 10 Jar iß eerefi jeg und ercßz Maurea Maravaer

(Name?) mer dau nreisin sine agaid oricin gadinner Sonig im Fessene."

Das Wandgemälde ist in Tempera ausgeführt und zerfällt in vier Scenen: 1. (von links an) sehen wir den h. Jacob einen vor ihm in weißer Tunica knieenden Ritter salben. Ein von hinten gesehener Henker in grüner Tunica schwingt einen krummen Säbel. Im Hintergrund sind gepanzerte Soldaten sichtbar. Bei dem Ritter enthält ein Spruchband die Worte: „Jch gelaub Wie keliert Sant Jacob Josia ain ritter zum Christum gelauben." Es ist die Scene, wie Josias den S. Jacob zur Hinrichtung führte, jedoch sich bekehrte und von ihm taufen ließ. Zugleich ist hier die Enthauptung des Bekehrten dargestellt.

Die 2. Scene zeigt uns die Enthauptung des h. Jacob. Er kniet in violettem Mantel gehüllt, um den Streich des hinter ihm stehenden, rothgekleideten Henkers zu empfangen. Im Hintergrund ein geharnischter Ritter, der die Hand auf die Brust legt, im Gespräch mit einem Hohenpriester mit rothem Barett und grünem Kaftan. Der Soldat ist Josias, der Hohepriester Abiathar, dem Josias seine Bekehrung offenbart, worauf dieser ihn ebenfalls hinrichten läßt. Darüber schweben zwei Engel, die ein Buch halten, über ihnen fliegen zwei Hühner. Letztere gehören schon zur nächsten Scene. Vor S. Jacob knieen der **Stifter**, bartlos in Kaplantracht und eine andere männliche Figur, mit weißem Bart. Erstere hält ein Spruchband: „O sancte Jacobe ora pro nobis." Beide sehen sich sehr ähnlich und dürften Verwandte sein, — oder dieselbe Person vor und nach der Einkleidung in das geistliche Gewand darstellen. Sie wenden sich der 3. Scene zu, wo man an einem gedeckten Tisch, auf dem zwei Hühner in den Schüsseln lebendig werden und davonfliegen, **einen Mann mit seiner Frau und zwei Kindern** sitzen sieht, während eine Wärterin dahinter steht. Der Mann in rothem pelzverbrämten Leibrock trägt eine Pelzkappe, sein Antlitz von edlem Ausdruck ist von reichem Lockenschmuck umrahmt und durch einen braunen Spitzbart abgeschlossen. Er erhebt staunend über das Wunder beide Hände und neigt den Kopf. Auch seine Frau in blaugrünem Gewand mit weißem Schleier, drückt ihr Erstaunen aus, während von den Kindern das eine die Arme über die Brust kreuzt, das andere zu ihm spricht und auf zwei eintretende Pilger zeigt. Beide Knaben haben rundliche naive Züge.

Die Scene geschieht in einer rundbogigen giottesken, in grün und braun gefärbten Säulenhalle. Die beiden eintretenden Pilger, ein Mann und eine Frau, deuten hinter sich auf eine 4. Scene, wo wir den h. Jacob stehend, in schwarzem Pilgergewand mit violettem, perlenumsäumtem Mantel sehen, wie er sich auf den Stab stützt und unter die Füße eines gehenkten Pilgers ein Kissen setzt, um ihn wieder zu beleben.

Die beiden Scenen beziehen sich auf die wunderbare Wiederbelebung des Sohnes des genannten Ehepaares durch den h. Jacob, nachdem Ersterer fälschlich des Diebstahls angeklagt und gehängt worden war.

S. Jacob zeigt auf allen diesen Bildern einen dem Christus, wie ihn Sunter darstellte, sehr verwandten, länglichen ernsten etwas melancholischen Typus. — Die übrigen Köpfe zeigen dessen naive frische porträthafte Lebensauffassung in lichten, aber gut modellirten Fleischtönen. Die Gewänder zeigen denselben etwas dickwulstigen schweren, aber doch eckig gebrochenen Wurf wie bei Sunters anderen Gemälden. Kurz, es ist kein Zweifel, dass wir hier wie dort denselben Meister vor uns haben, der trotz seiner Individualität doch in manchen Motiven seinen Zusammenhang mit dem Meister des Skorpions verräth. Die Gemälde sind in Tempera ausgeführt und gut erhalten, wenn auch überfirnißt.

————

Die nächsten Gemälde in der Datirung sind die, welche Jacob Sunter im 2. Kreuzgewölbejoch des

Brixener Kreuzganges in Folge der Stiftung des Johann Sailer, Beneficiaten zu Runggad, im Jahre 1462 ausführte.

Am Wandbogen sehen wir zunächst rechts die Dornenkrönung Christi, welche in einer, noch immer glottesken Halle vor sich geht.

Drei Männer drücken von drei Seiten aus mit Stäben Christus die Dornenkrone auf; dieser neigt sein schmerzerstarrtes, blutüberlaufenes Gesicht zur Seite, indem ein rother Mantel seinen nackten, blutigen Körper theilweise umhüllt. Rechts und links befinden sich Gruppen von Schriftgelehrten und Volk, die ihn verspotten, zuvorderst kniet auf jeder Seite Einer vor ihm nieder, ihm höhnisch huldigend, der eine den Hut abziehend mit dem Spruchband: „Profetica nobis quis te percussit." Ganz rechts steht der Evangelist Johannes als Fürbitter des vor ihm knieenden, gegen Christus gewendeten geistlichen Stifters, welcher das Spruchband hält: „Miserere mei secundum magnam misericordiam tuam." — Unter ihm ist noch deutlich die Inschrift zu lesen: „Anno domini mcccclxii octavo die mensis junii obiit honorabilis dominus Johannes Sapler de pfaffenhofen proponitentiarius .... Brixinensis Capellanus capelle S. Catharine in Runcada ... cujus anima requiescat in pace."

Neben der Inschrift links befinden sich ferner unter

der beschriebenen Scene zwei Brustbilder von Propheten mit Schriftrollen.

Links neben der Dornenkrönung, äußerlich nicht davon getrennt, ist eine Parallelscene aus dem alten Testament dargestellt, nämlich wie Apame, die Concubine des Darius, ihm eine Krone aufsetzt und ihm zugleich einen Schlag ins Gesicht gibt. Die Scene findet in einer offenen Bogenhalle statt, in welcher Darius thront. Im Hintergrund sieht man das Obergeschoß eines achteckigen Kuppelbaues, links unten stehen noch drei Hofleute, welche zusammen sprechen und auf die Hauptgruppe hinweisen. Unter dieser Darstellung findet sich eine lange Inschrifttafel, welche die Geschichte erzählt und die Beziehung zu Christi Dornenkrönung erläutert.

In diesen beiden Gemälden tritt der Einfluß des Meisters mit dem Skorpion ebenso deutlich in Einzelheiten hervor, als sich andererseits doch der individuelle Stil des Jacob Sunter nicht weniger bestimmt darin ausspricht. An den Meister mit dem Skorpion gemahnen zunächst die Costüme, sodann die Handgeberden einzelner Figuren, besonders des Schriftgelehrten links von Christus, sowie des vor ihm knieenden Spötters, der an den Hut greift. Auch im Schnitt der Köpfe und Bärte dieser beiden Figuren bemühte sich Sunter,

5*

das Wilde und Markirte seines Meisters nachzuahmen, ohne doch dessen Energie zu erreichen.

Dagegen tritt Jacob Sunters Eigenthümlichkeit vor allem in der breiten, rundlichen Form der Köpfe hervor, die meist verbunden mit einem gemüthlichen oder naiven Ausdruck, sowie mit individueller Belebung erscheint.

Eine gewisse, echt deutsche Naivität in den Bewegungen und Mienen ist diesem Meister überhaupt eigen, (so besonders in der etwas befangenen Anmuth der Königin Apame) zum Unterschiede von der wilderen Energie aber auch conventionelleren Auffassung des Meisters mit dem Skorpion.

———

Die Deckengemälde desselben Joches und desselben Meisters gehören auch demselben Gedankencyklus wie das Schildbogenbild, der Passion und ihren alttestamentlichen Vorbildern an. In den vier Gewölbefeldern sind im ganzen sechs Bilder dargestellt, indem die beiden in der Längenaxe des Kreuzganges liegenden Felder durch ihren Grat in zwei Hälften getheilt sind. Der Orientierung halber geben wir hier ein Schema der Gewölbeeintheilung mit Numerirung der Gemälde:

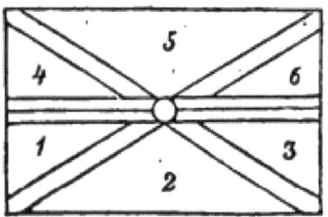

Als 2. Vorbild der Dornenkrönung sehen wir zunächst in einem Gewölbezwickel (n. 1) die Verhöhnung
Davids durch Semei dargestellt. — Semei steht
auf einem Felsen, mit Turban, kurzer Tunica und
Schleppstiefeln bekleidet und wirft einen Stein und
ein Stück Holz auf David. Dieser, in langem Talar,
macht ihm mit erhobenen Händen Vorwürfe, verbietet
aber zugleich dem hinter ihm stehenden Abisah, seinen
Beleidiger zu tödten. — Hinter Semei ist in einem
viereckigen Rahmen eine Berglandschaft mit einer Stadt
dargestellt. In diesem, leider stark übermalten Bild
macht sich der Einfluss des Meisters mit dem Skorpion besonders deutlich geltend. Auch in dem nächsten
Bild (n. 2) wo der König der Ammoniter den
Gesandten Davids, welche ihm den Frieden
antragen, die Kleider theils selbst zerreißt,
theils von zwei Schergen zerschneiden lässt,
sehen wir den Einfluss des Meisters mit dem Skorpion
in dem Bemühen nach wildem Ausdruck hervortreten,
zugleich aber auch die etwas komische Drastik des Sunter.
Auch dieses Bild ist übermalt.

Dieses, wie das vorige Bild ist durch lange, eine ganze Homelie bildende Inschriften mit Christi Verspottung in Beziehung gesetzt.

Im nächsten Zwickel (n. 3) ist das 2. Hauptbild, die Kreuztragung Christi dargestellt, welche in den Rüstungen der Krieger, sowie deren wilden Gebärden wieder sehr an den Meister mit dem Skorpion erinnert, wogegen in der Gruppe von trauernden Frauen, sowie in den faltenreichen, brüchigen Gewändern sich wieder Jacob Sunter deutlich zeigt.

Auch dieser Gruppe entsprechen drei alttestamentliche Vorbilder, welche die übrigen Felder des Kreuzgewölbes ausfüllen, nämlich:

1. Isaak, wie er das Holzbündel zu seiner Opferung selbst herbeibringt. (n. 6)

2. Die Pächter des Weinberges, welche den Sohn des Herrn tödten. (n. 5)

3. Die Kundschafter in das gelobte Land, welche die Weintraube in das Lager der Israeliten bringen. (n. 4)

Diese Darstellungen sind ziemlich beschädigt, lassen aber genügend erkennen, dass sie vom nämlichen Meister, wie die vorhergenannten sind, einige trefflich individualisirte Köpfe sind darauf noch zu sehen.

An der Bogenwand gegen den Hof, über den Arkadenöffnungen, sind endlich von demselben Meister Madonna mit dem Kind, vor ihr, im Gebete knieend, die h. Catharina mit einer brennenden Lampe und daneben der h. Michael mit der Seele des Donators auf der einen, Teufelsfratzen auf der anderen Wag-schale dargestellt. Die h. Catharina ist eine lieblich naive Gestalt mit vollem, blonden Haar und durchaus verwandt der h. Catharina anf dem Wandbogen des 7. Joches, sowie der zuvor erwähnten Königin Apame. Unter diesem Gemälde sieht man wohlerhalten die schon Tinkhauser bekannte Inschrift in gothischen Lettern: Jacb. Sunter Pr. Dieselbe gab uns, auf Grund der Stilvergleichung, den festen Anhaltspunkt, eine Reihe von Werken dieses Meisters festzustellen. Anch der h. Michael zeigt einen anmuthig geneigten, kindlichen Kopf. Die Costüme sind reich, von brüchigem Faltenwurf.

Um nun auf das zeitlich zunächstfolgende Werk des Jacob Sunter überzugehen, so ist ein Gemälde an der Ostwand des 14. Joches zu erwähnen, welches sich neben dem Gemälde des Meisters mit dem Skorpion (Christus im Tempel) befindet und die Krönung Marias darstellt.

Dasselbe bezog sich auf die Grabstelle des Canonikers Johannes Grizimola, der laut der unter dem Bild befindlichen Inschrift am 18. August 1463 starb und

zu deſſen Gedächtnis das Bild gemalt wurde. (Siehe
Reſch: Monumenta veteris ecclesiae Brixinensis S. 24.
n. 42). Maria kniet vor Chriſtus, welcher rechts
thront; Maria iſt von einem Kranz von Engeln um=
geben; hinter Chriſtus ſieht man dicht gedrängt die
Köpfe von Heiligen hervorſchauen. Unten kniet der
S t i f t e r, hinter ihm befinden ſich muſizierende Engel.
In den breiten, naiven Geſichtern der Engel, in den
vorgeſchobenen Unterpartien der männlichen Köpfe (die
er mit dem Meiſter mit dem Skorpion gemein hat),
im Gewand, kurz in allen Einzelnheiten, wie in der
Geſammtauffaſſung prägt ſich auch hier unverkennbar
die Hand des Jacob Sunter aus.

———

Zunächſt folgen nun chronologiſch die laut Inſchrift
1464 ausgeführten F r e s k e n der Kirche von Me=
la u n bei Brixen, welche trotz des theilweiſen Ruins durch
die frevelhafte Uebermalung des Wandmalers Kluiben=
ſchedel, deren ſich dieſer zudem noch in einer Inſchrift
rühmt, doch durch mancherlei Anzeichen ebenfalls als
Arbeiten des Jacob Sunter erkenntlich ſind.

Ueber der Thüre hat der alte Meiſter das j ü n g ſ t e
G e r i c h t gemalt, welches von Kluibenſchedel beſonders
ſtark mitgenommen wurde. Wir ſehen Chriſtus in der
Glorie, aus ſeinem Munde gehen drei Lilien zur Rechten,

ein feuriges Schwert zur Linken. Zu seinen Seiten
schweben zwei Posaunenengel. Zur Rechten Christi
sitzen Maria, Petrus, Paulus, Johannes Evangelista, zur
Linken die übrigen Apostel. — Unter Christus ist das
Kreuz mit den Marterinstrumenten und dem durch-
bohrten Herz Jesu sichtbar. Ein Engel im Chorgewand
hält es und weist darauf hin. Ein zweiter Engel zur
Rechten führt den Reigen der Seligen, darunter viele
geistliche Würdenträger, doch auch Volk, im Vordergrund eine Nonne. Links treibt der Erzengel Michael
die Verdammten in die Hölle, in die sie wie in ein
Meer stürzen. Wie Larven schauen die Köpfe der Verdammten aus den feurigen Fluten. Einige hängen
am Galgen, andere werden von schwarzen Teufeln in
einem Kessel gesotten.

Die nördliche Langwand der einschiffigen Kirche ist
wie in Klerant wieder in drei Schildbögen getheilt,
welche ebenso wie die Gewölbekappen darüber mit
Fresken geschmückt sind. Die Schildbögen sind durch
ein horizontales Band in je zwei Felder getheilt.

Im 1. Bogen ist oben der Einzug Christi in
Jerusalem dargestellt, der sich auch in den beiden
Kappenzwickeln fortsetzt, darunter das h. Abendmahl
mit der Fußwaschung Petri. Letzteres ist stark übermalt, doch erkennt man noch deutlich Sunters Stil
an den breiten Köpfen mit den eingebogenen Nasen,

an den vorgeschobenen Unterkiefern der aufwärts gewendeten Köpfe, am Faltenwurf u. s. f. (Tafel 11.)

Im 2. Schildbogen zeigt das untere Feld C h r i st u s
auf dem Oelberg. — Rechts kniet er betend, ein
Engel schwebt über dem Kelch, in der Mitte sehen wir
die schlafende Gruppe der d.ei Apostel, links führt Judas
die Häscher herbei. — Das Bogenfeld darüber enthält
Christi Geißelung, in den Kappenzwickeln ist links
die Gefangennahme, rechts Christus vor Pilatus dargestellt.

Im 3. Schildbogen setzt sich die Passionsgeschichte
wieder zunächst im obern Feld fort, wo wir C h r i st i
D o r n e n k r ö n u n g sehen. In den Kappenzwickeln
sind links die Juden, welche seine K r e u z i g u n g
v e r l a n g e n, rechts seine S ch a u st e l l u n g a l s
K ö n i g d e r J u d e n dargestellt. — Das untere Feld
zeigt die K r e u z t r a g u n g, welche in der Composition
große Verwandtschaft mit der oben erwähnten Kreuztragung des Sunter im 2. Gewölbejoch des Kreuzganges von
Brixen zeigt. Simon von Kyrene, der sein Kreuz hält, sowie
ein Soldat, der ihn schlägt, sind hier wie dort ganz identisch
Dagegen kommen hier die Frauen dem Zug entgegen,
während sie dort ihm folgen. Auch fehlt zu Brixen
die hier dargestellte Veronica, weshalb hier Christus
die Rechte nach dem Tuch ausstreckt, dort fallen läßt.

Im Chor setzt sich die Darstellung der Passion fort.

Im 1. Bogenfeld des Chores ist die Kreuzi-
gung dargestellt, welche in manchen Motiven, in den
Gewändern, in dem Augenhalten des Soldaten, der
den Schwamm reicht, in den Handgesticulationen, in
den vorne über ihr Kreuz gelegten Schächern, an den
Meister mit dem Skorpion erinnert, wogegen in den
Typen der Köpfe, im Faltenwurf ꝛc. auch hier deutlich
Jacob Sunters Stil hervortritt.

Die Trauer der Maria um den todten
Christus auf demselben Feld (Vesperbild) entspricht
wieder ganz genau derselben Darstellung an der Wand
des 7. Gewölbejoches im Kreuzgang von Brixen.

Ebenso entspricht die Grablegung Christi im
linken Gewölbezwickel über der Kreuzigung fast völlig
derselben Darstellung Sunters im Kreuzgang (3. Gewölbejoch), selbst in der Tracht. Nur daß hier
in Melaun an Stelle zweier knieender Stifter (in
Brixen) der h. Nicodemus vorne am Sarg steht, während er dort zu Füßen des Sarges hinter den Stif-
tern steht.

Auch in der Auferstehung Christi im anderen
Gewölbezwickel tritt eine fast völlige Uebereinstimmung
mit derselben Darstellung Sunters im 5. Gewölbejoch in Brixen hervor, nur daß hier Christus nach
links, statt wie in Brixen nach rechts gewendet ist und
das eine gebogene Bein noch im Sarg stehen hat,

welches in Brixen vor demselben sichtbar ist. — Die
übrigen Gemälde Sunters im Chor sind theils vom
Altar verdeckt (Scenen aus dem Leben des Täufers),
theils wahrscheinlich zerstört und nachmals durch Kluiben-
schebels erbärmliche Producte ersetzt.

———

Es folgen die Deckengemälde des 3. Gewölbe-
joches des Kreuzganges von Brixen, welche zum
Andenken des Paul Greußinger, Caplan der Drei-
Königskapelle im Jahre 1470 gestiftet wurden.

Auf einem dieser Gemälde, der Grablegung
Christi, ist der Caplan knieend dargestellt, eine Tafel
haltend, welche die Inschrift trägt: „Miserere mei
Domínus. Anno D. Milesimo quadringentesimo
septuagesimo. Ind. III. die sec. mens. Sept. Oßiit
Bon. vir Dns. Paulus Greussinger Capellanus
Capelle trium Regum. Cujus anima requiescat in
pace. Amen.“ (S. Resch, p. 211 n. 43.) (Tafel 12).

Die Gemälde dieses Gewölbes sind also nach 1470
ausgeführt worden, sie stellen sieben verschiedene Scenen
dar, wovon je zwei als Vorbilder auf die untere Kreuzigung, sowie den Eccehomo (des Meisters mit
dem Skorpion) bezogen sind, während ebenfalls deren
zwei sich auf die gleichfalls im Gewölbe gemalte
Grablegung beziehen. Dem Eccehomo entsprechen

Achior wie er von den Knechten des Holofernes an einen Baum gebunden wird, und Hiob, wie er auf dem Düngerhaufen sitzend vom Satan gepeitscht und von seinem Weibe verhöhnt wird, während die Kreuzigung durch den Opfertod Eleazars und den Tod des Absalom vorbildlich angedeutet wird. Die Grablegung endlich ist durch die Scene, wie Joseph in den Brunnen und Jonas in's Meer geworfen und vom Walfisch verschlungen wird begleitet.

Von diesen Scenen nimmt die des Todes Eleazars durch den Elephanten die südliche Kreuzkappe, der Tod Absaloms die westliche ein; die östliche enthält Achior und Hiob, die nördliche Joseph, Jonas und die Grablegung.

Auch in diesen Scenen prägt sich Sunters Stil in unverkennbarer Weise aus, wie aber andererseits auch seine Abhängigkeit vom Meister mit dem Skorpion in vielen Einzelnheiten hervortritt. So ist der Elephant, sowie der liegende Eleazar geradezu eine Entlehnung der gleichen Scene in Klerant, nur daß der Elephant hier nicht gepanzert erscheint. Die Rüstungen der Krieger in der Scene des Absalom sind ganz ähnlich behandelt, wie beim Meister mit dem Skorpion, die Pferde noch hölzerner als bei jenem. Dagegen zeigen die Bewegungen der Figuren in ihrer etwas gezierten

Lebhaftigkeit, sowie die breiten, stumpfnasigen doch lebendigen Köpfe mit den großen runden Augen und lichtem Fleischton durchaus Sunters Stil, ebenso die brüchige Gewandung. Die Grablegung ist eine lebhafte, innig empfundene Scene, welche in ihrem ergreifenden Ausdruck, sowie auch in einzelnen Typen lebhaft an die sterbende Nonne im Kloster Neustift gemahnt.

––––––––––

Ferner sind als Werk Sunters die Gemälde des 5. Gewölbejoches, und zwar sowohl der Kreuzkappe wie theilweise der Schildbögen mit Sicherheit zu bezeichnen.

Sie wurden laut Inschrift zum Andenken des am 25. September 1471 verstorbenen Johannes v. Firmian Canonicus von Brixen gestiftet. (S. Resch, p. 24, n 44.)

Sie vertheilen sich in vier Hauptbilder, sowie in begleitende Neben- oder Vorbilder.

Das 2. Hauptbild, Christi Auferstehung, nimmt die westliche Hälfte der südlichen Kreuzkappe ein; Christus in langem weißen Leichenhemd, mit der Kreuzfahne in der Linken, mit der Rechten segnend, steht mit dem rechten gebogenen Knie auf dem Rand des Sarkophags, mit dem linken eine Stufe tiefer, einem gepanzerten Soldaten, welcher erschrocken vor ihm

liegt, auf die Hüfte tretend. Christus ist bedeutend
größer als die Soldaten. Sein Haupt zeigt ein längliches Oval und entschieden flandrischen Einfluß, ebenso
wie die betenden Engel in langen, knittrigen Gewändern,
mit breiten Lockenköpfen, die ihn umflattern. Wir
wiesen schon auf die Verwandtschaft dieser Composition
mit einer solchen in Melaun hin. (Tafel 13).

Die Nebenbilder hiezu sind: Samson, wie er
die Thore Gazas bricht, und Jonas, wie er
vom Walfisch befreit wird. Sie füllen die andere Hälfte derselben Kappe aus. Sie sind stark übermalt.

Das 3. Hauptbild: Christus erscheint den
Jüngern, während die Frauen ihn im Grabe
suchten, welches ein Engel ihnen als leer
zeigt, findet sich am westlichen Schildbogen desselben Joches. An der linken, unteren Seite erkennt man
die Reste eines älteren darunter befindlichen Frescos.
Vor dem Heiland kniet der Chorherr Firmian mit der
erwähnten Inschrift, vom h. Ulrich empfohlen. Die
naive Anmuth und Frische Sunters macht sich in diesen
weniger als die Deckenbilder restaurirten Gemälden
besonders geltend.

Die Nebenbilder hiezu: Ruben, der seinen
Bruder Joseph in der Cisterne sucht, und
die Braut im hohen Liede, welche ihren

Bräutigam mit der Laterne sucht, sind auf
der an die beschriebene Wand anstoßenden, westlichen
Kreuzkappe dargestellt. Beide Figuren zeigen die Kopf-
typen des Sunter, mit den einwärts gebogenen Nasen
in ausgeprägter Weise. Inschriften erläutern auch hier
die Scenen und ihre Beziehungen.

Das 3. Hauptbild: Christus erscheint als
Gärtner der Maria Magdalena, ist sammt den
darauf bezüglichen Vorbildern: Die Braut im
hohen Liede findet ihren Bräutigam, und:
Daniel vom König Cyrus lebend in der
Löwengrube gefunden, auf der nördlichen Kreuzkappe des 5. Gewölbes vereinigt. Die Typen Christi,
des Engelpaares, das hinter ihm kniet, der Magdalena
mit dem vorgeschobenen Unterkiefer des aufblickenden
Kopfes, das knittrige Gewand im Hauptbild zeigen
ebenso unverkennbar Sunters Hand, wie die Parallelscene. Besonders sprechende Köpfe zeigt die Scene
Daniel in der Löwengrube, die als vergittertes Ge-
fängnis dargestellt ist. (Tafel 14 und 15).

Das 4. Hauptbild: Christus in der Vor-
hölle, welches in der Composition ganz an die gleiche
Scene auf dem Flügelbild n. 7. I. Cab. im Ferdi-
nandeum erinnert, ist an der Schildwand gegen den
Hof, rechts vom Mittelfenster dargestellt. Daneben die
Parallelscene: Joseph, der sich seinen Brüdern

zu erkennen gibt. Hier findet sich die Inschrift 1472. Zwei andere Parallelbilder zu dem letztgenannten Hauptbild sind auf der östlichen Kreuzkappe dargestellt: Simson, welcher den Löwen tödtet, David und Goliath (Besiegung der Sünde, Erlösung), beide stark übermalt.

Die Kreuzrippen sind, wie an den meisten Sunter'schen Bildern, mit feinem, spätgothischem, krausen Rankenwerk bemalt.

In diesem Cyklus schloß sich Sunter sichtlich an den unmittelbar vorher gemalten des 3. Gewölbes an, indem beide sich ergänzen.

Endlich ist als ein Werk des Jacob Sunter noch das an der südlichen Außenseite der Kirche von Vahrn bei Brixen befindliche Gemälde der Krönung Marias zu bezeichnen. Drei Engel halten hinter der Hauptgruppe einen grün-rothen Damastteppich, musizirende Engel mit reichem, ockergelbem Lockenschmuck umgeben die Scene. Unten befinden sich rechts vom Beschauer männliche, links weibliche Heilige in Anbetung versunken. Eine Inschrift lautet: „Anno Dni 1474 ist gestorbn der Edl Vöst Wolffgang Jöchl, Richter zu Vahrn, auch liegt allhie Cathrein Palaußerin, sein Mutter begraßen.“

6

Wir haben somit folgende Reihe von Werken des
Jacob Sunter kennen gelernt:

1446. Pietà im westlichen Wandbogenfeld des 7. Gewölbejoches im Brixener Kreuzgang. Gestiftet von
Gregor Sybar, Canonicus von U. L. Frau.

14.. Sterbende h. Schwester. Temperabild auf
Holz im Kloster Neustift.

1458. Gemälde der Grabnische im Kirchhof zu Innichen: Verkündigung, Jüngstes Gericht,
Heilige, Stifter.

1461. Wandgemälde aus der Jacobslegende. Gestiftet von Johannes Röthl, Soldaten und Caplans
des Altars des h. Stephan. In der Jacobskirche
an der Mahr bei Brixen.

1462. Wand- und Deckengemälde des 2. Gewölbejoches
im Kreuzgang Brixen. — Die Passion Christi
mit alttestamentlichen Vorbildern. Gestiftet von
Johann Sailer, Benefiziaten von Runggad.

1463. Wandgemälde der Krönung Marias. Im
14. Gewölbejoch des Brixener Kreuzganges. Gestiftet von Johannes Grizlmola, Canonikers der
Brixener Cathedrale.

1464. Fresken der Kirche von Melaun bei Brixen:
Passion mit Nebenbildern. Jüngstes Gericht.

1470. Deckengemälde des 3. Gewölbejoches im Brixener

Kreuzgang. Grablegung mit Nebenbildern und Nebenbilder zum Eccehomo und zur Kreuzigung des Meisters mit dem Skorpion an den Wänden desselben Joches. Gestiftet von Paul Greußinger, Caplans der Dreikönigskapelle.

1471. Wand= und Deckengemälde des 5. Gewölbejoches des Brixener Kreuzganges mit vier Hauptbildern der Erlösung durch Christus und entsprechenden Nebenbildern. Gestiftet von Johannes Firmian, Canonicus von Brixen.

1474. Wandgemälde der Krönung Marias an der Südseite der Kirche von Bahrn, zum Gedächtnis des Richters Wolfgang Jöchl und seiner Mutter Catharina von Pallaus.[1]

---

[1] In einem nicht gezeichneten Aufsatz über „Tiroler Malereien in Freising" (Mittheilungen der k. k. Centralcommission, Bd. XI, p. XLIV.) heißt es gleich zu Anfang: „Man weiß jetzt, daß ein Maler Hanns" (sic! statt Jakob) „Sunder" (statt Sunter) „(welcher Name seltsamer Weise auch der Familie Kranach eigen war) um 1461 am berühmten Kreuzgangsschmuck zu Brixen mitarbeitete und ebenso wahrscheinlich an den Gemälden des Schlosses Brughiero." Leider sind uns letztere noch nicht bekannt, so daß wir hierüber nur referiren können. Was die frühere (durch Heller aufgebrachte) Annahme betrifft, daß Lukas Kranach mit dem Familiennamen Sunder geheißen habe, (demzufolge unser Sunder Kranachs Vater hätte sein können, indem letzterer

Zum Schluß sind noch einige Fresken im Kreuzgang zu erwähnen, welche die letzte Epoche der daselbst
ausgeführten Wandmalereien bezeichnen und in das
letzte Viertel des 15. Jahrhunderts fallen. Zunächst
sind zu nennen die Deckenbilder des 8. Joches, welche
vom Jahre 1474 stammen, während, wie wir sehen,
die Gemälde des convexen Mauer-Vorsprunges in
diesem Joch noch dem 14. Jahrhundert angehören, zum
Theil (die Kreuzigung) wahrscheinlich noch älter sind.

Von den Deckengemälden sind die in der südlichen
Gewölbekappe befindlichen schon völlig zerstört. In der
westlichen Kappe sind zwei Prophetenfiguren, in der nördlichen Adam und Eva, und auf den Aesten des Baumes
der Erkenntnis die sieben Todsünden als Teufel von Laub
umrankt dargestellt. Im östlichen Felde endlich sieht
man die sieben Cardinaltugenden und im nördlichen Zwickel

---

thatsächlich ein Maler war) so spricht dagegen eine von Warneck
publicirte Notiz von 1609, wonach Lucas Kranach Müller
geheißen habe. Immerhin wäre vom stilistischen Gesichts-
punkte aus die Annahme nicht unwahrscheinlich gewesen,
daß Jacob Sunder wirklich der Vater des Lucas Kranach
war. Siehe: J. Heller, Versuch über das Leben und die
Werke des Lucas Kranach. Bamberg, 1821 p. 3, Fortf.
C. Schuchart. Lucas Kranach des letzteren Leben und Werke.
Leipzig 1851 p. 15. Woltmann und Woermann. Geschichte
der Malerei. Leipzig 1882, Band II. p. 418.

unter der Prudentia das knieende Bild des Stifters
von einem Heiligen empfohlen. Die Inschrift darunter
lautet: „Anno domini mcccclxxiiii die xlv mensis
septembris oßiit veneraßilis vir Erardus Zanger
in decretis licentiaus rector parochialis ecclesie in
Enneßergs nec non capelle Scti. Laurentii sitae
in ecclesia Grixinensi capellanus ßic inferius tumu=
latus cujus anima cum Xto requiescat in sancta
pace. Amen."

Die Figuren sind langgestreckte, schmalschultrige
Gestalten, mit länglichen Gesichtern, langen, geraden
Nasen, gebogenen Brauen, großen, dunkeln Augen und
rundvortretendem Kinn, im Ausdruck ziemlich blöd.
Das Gewand zeigt ziemlich einförmigen Fall, unten ist
es knittrig gebauscht. Der Meister ist jedenfalls weit
unbedeutender als Sunter.

———

Die leider stark übermalten Gemälde des 6. Joches
wurden einer Inschrift zu Folge von dem am 20. Sep=
tember 1482 verstorbenen Canonicus von U. L. Frau,
Magister Bertold von Soltwedel gestiftet.

Auch diese Gemälde zeigen im Gegensatz zu Sunter
ein längliches Oval in den weniger ausdrucksvollen,
etwas milden Köpfen, sowie langgestreckte Gestalten;
in den Bewegungen sind die Figuren gelassen, fast
feierlich, in großen, ruhigen Linien gehalten, zugleich

weniger eckig und natürlicher, freilich auch weniger leb=
haft als bei Sunter; der Faltenwurf ist ebenfalls
weicher und breiter im Fall, wenn auch die knittrigen
Motive noch nicht ganz verschwunden sind. Der Meister
liebt landschaftliche Fernsichten, mit kleinen Figürchen.

Man verspürt in der Behandlungsweise dieses Mei=
sters bereits das herannahende 16. Jahrhundert. —
Auch bei ihm gliedern sich die Darstellungen in drei neu=
testamentliche Hauptbilder und sechs dazu parallele Neben=
bilder aus dem alten Testament, der alten Geschichte,
sowie der Legende.

Die Hauptbilder stellen die Vorgeschichte der
Geburt Marias, sowie deren Darbringung
dar. — Auf der Hälfte der südlichen Kreuzkappe ist
die Scene dargestellt, wie der Hohepriester das
Opfer Joachims und Annas verschmäht,
weil sie unfruchtbar in der Ehe sind. —
Auf der nördlichen Kreuzkappe ist die Verkündigung
von Marias Geburt an Joachim wie an
Anna getrennt neben einander dargestellt, indem Anna
knieend, mit gekreuzten Armen in ihrem Gemache,
Joachim in einer Landschaft sitzend von herabschwebenden
Engeln die frohe Botschaft erfahren. — Im anderen
Zwickel derselben Kappe ist das dritte Hauptbild, die
Begegnung der beiden unter der goldenen
Pforte, dargestellt. Sie umarmen sich unter der=

selben, daneben breitet sich eine Landschaft mit einer Stadt, mit Felsen, Bäumen und kleinen genrehaften Figürchen aus.

Das 4. Hauptbild an dem westlichen Schildbogen des Kreuzganges stellt sodann Marias Darbringung im Tempel durch Anna und Joachim dar.

Die Nebenbilder beziehen sich nun nicht sowohl auf die Eltern Marias, vielmehr gehen sie ihnen parallel in dem gemeinsamen Hinweis auf Marias Geburt und Darbringung, sowie das Heil, das sie der Welt als Mutter Gottes brachte. — In der 2. Hälfte der Südkappe ist der Traum des Astyages, in welchem ihm seine Tochter die Geburt des Cyrus verkündet dargestellt, „filia regis figuravit Mariam" sagt eine erläuternde Inschrift.

Auf der östlichen Kreuzkappe ist die Wurzel Jesse dargestellt, auf deren Zweigen sieben Tauben als Gaben des h. Geistes sitzen. Eine Inschrift darunter besagt: „Egredietur virga de radice Jesse et flos de radice ejus ascendet. super quem septiformis gracia spiritus sanctus requiescet. hec virga est maria fecundata per celestem rorem. huc produxit nobis Xristum ameniffimum florem.

Im nördlichen Zwickel der nämlichen Ostkappe ist sodann die Legende dargestellt, wie zwei Fischer mit ihrem Netze den Tisch der Sonne aus

dem Waſſer ziehen. — Die erläuternde Inſchrift
ſagt: „Menſa ſolis oblata eſt in templo ſolis ma=
terialis Maria oblata eſt in templo ſolis aeter=
nalis.“

Von den Darſtellungen der Weſtkappe iſt bloß noch
die Opferung Jephtes zur Denkfeier des
Steges Israels erhalten. Die Inſchrift erläutert:
„Sic Maria oblata eſt pro victoria hoſtium infer=
nalium.“

Die Lünette gegen den Hof hin iſt zu beiden Seiten
des Mittelfenſters mit den beiden Scenen geſchmückt:
1., wie der Engel dem Balam (der zu Pferd
iſt) mit dem Schwerte den Weg verlegt; 2.,
dem knieenden Stifter mit den h. Panthaleon
und Catharina als Schutzpatronen.

———

Die ſpäteſten Gemälde im Kreuzgang ſind endlich
im 1. Gewölbejoch erhalten, welche laut einer Inſchrift
im Jahre 1490 von dem Dombecan Benedict Fueger
geſtiftet wurden: „A. D. mcccclxxx M. Oct. dec.
non. Rev. in Chriſto pater vitam tum egit Bene=
dictus Fueger ꝛc. . . . in ultime ſue voluntatis
Eulogia hanc picturam fieri mandat.“

Die Gemälde ſind ſehr verdorben, ſo daß ihr Cha=
rakter ſchwer zu beſtimmen iſt. An der Südwand iſt

S. Johannes Evangelista auf Pathmos in breiten, einfachen Umrissen, mit noch immer brüchiger Gewandung in schöner Landschaft dargestellt, daneben der knieende Stifter.

Auf einem Deckenfeld ist ein Priester auf einem Thron mit Renaissance-Ornamenten (!) in breitem, edlem Faltenwurf vorgeführt.

––––––––

Wir verlassen hiemit die Gemälde des Kreuzganges, die wir, soweit es uns möglich war, nach ihren verschiedenen Richtungen und Meistern, mit Herbeiziehung anderer von denselben Meistern nachweisbar ausgeführten Gemälde, gruppiert haben.

Um das sicherste Resultat der vorliegenden Studie nochmals zu betonen, so ist es uns gelungen, wenigstens von zwei einflußreichen Meistern der Brixener Schule, dem Meister mit dem Skorpion, sowie Jacob Sunter an einer Reihe ihnen zugehöriger Schöpfungen ein bestimmteres Bild von der Zeit und der Art ihres Schaffens zu entwerfen, unter denen der Erstere eine in die Kunstgeschichte hier zum erstenmale eingeführte, darum aber nicht weniger bestimmt umrissene Persönlichkeit darstellt, während vom Letzteren bisher nicht viel mehr als der Name, aber weder sein Stil noch auch die Mehrzahl seiner Werke bekannt war.

––––⁕⁕⁕––––

Tafel 1.

Kreuzgang in Brixen.

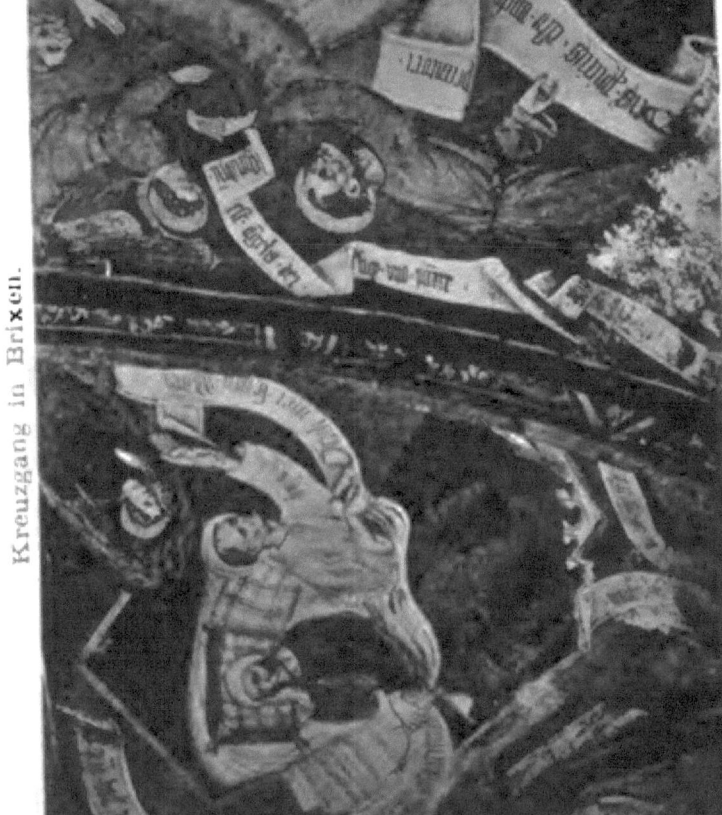

Wagner'sche Universitäts-Buchhandlung, Innsbruck.

3. und 4. Kappe des 10. Kreuzgewölbes.

Wahre und falsche Frömmigkeit und Bussfertigkeit.

Kreuzgang in Brixen.

1. Kappe des 12. Kreuzgewölbes.

Ingenuinus und Albuinus.

Kreuzgang in Brixen.

4. Kreuzgewölbe.

Kirchenvater. Prophet.

Kloster Wilten.

Werner'sche Universitäts-Buchhandlung in Innsbruck

Kreuzigung. Holztafel in tempera

vom Meister mit dem Scorpion

Tafel 5.

Kirche von Klerant bei Brixen.

Verlag der Universitäts-Buchhandlung in Innsbruck

I. Schildbogen. Oberes Feld

II. Abendmahl und Mannalese.

Kirche von Klerant bei Brixen.

1 Schildbogen.   Unteres Feld.

Kreuztragung.

Tafel 7.

Kirche von Klerant bei Brixen.

Werner'sche Universitäts-Buchhandlung in Innsbruck.

2. Schildbogen. Oberes Feld.

Christus auf dem Oelberg und Tödtung des Amasa durch Joab.

Kirche von Klerant bei Brixen.

Wagner'sche Universitäts-Buchhandlung in Innsbruck.

2. Schildbogen. Unteres Feld.

Kreuzigung.

Kirche von Klerant bei Brixen.

J. Schildbogen. Oberes Feld

Christus vor Pilatus. Daniel vor Nebukadnezar.

Kreuzgang in Brixen.

7. Kreuzgewölbe. Schildbogen.

Vesperbild und der Stifter Gregor Sybar von der h. Catharina empfohlen. 1446.

Kirche von Melaun bei Brixen.

Das h. Abendmal.

Wandgemälde des Jacob Sunter, 1464.

Tafel 12.

Kreuzgang in Brixen.

Wagner'sche Universitäts-Buchhandlung in Innsbruck.

3. Gewölbejoch.

Grablegung Christi.

Von Jacob Sunter. 1470.

Kreuzgang in Brixen.

5. Gewölbejoch.

Christi Auferstehung.

Von Jacob Sunter. 1471.

Kreuzgang in Brixen.

5. Gewölbejoch.

Christus erscheint als Gärtner der M. Magdalena
und
Daniel in der Löwengrube.

Von Jacob Sunter 1471.

Tafel 16.

Kreuzgang in Brixen.

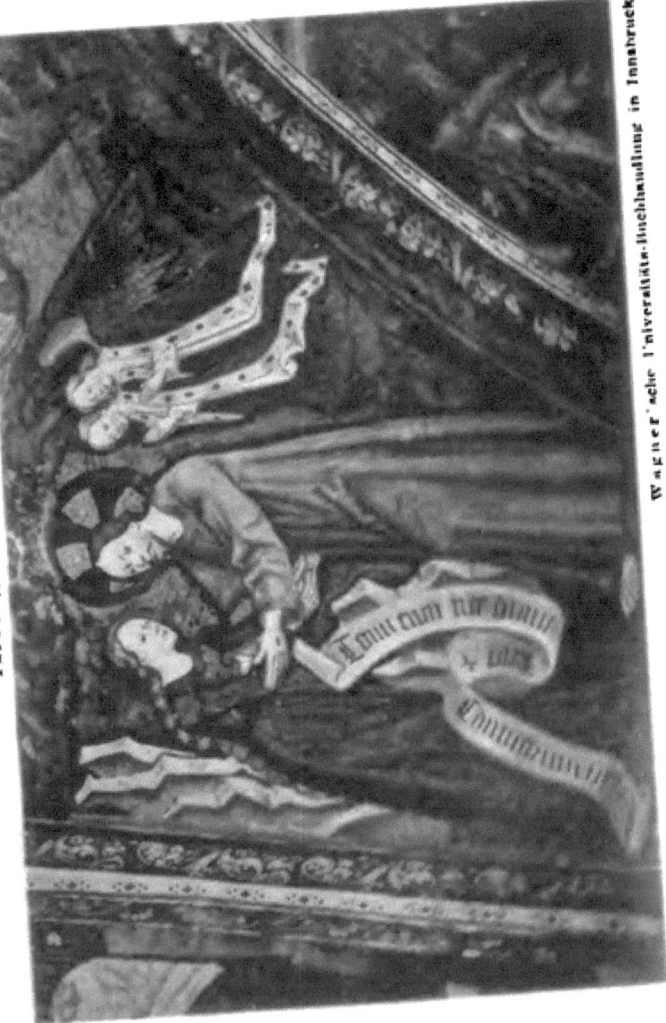

Wagner'sche Universitäts-Buchhandlung in Innsbruck.

3. Gewölbejoch
Die Braut vom h. Liede findet ihren Bräutigam.
Von Jacob Sunter. 1471.